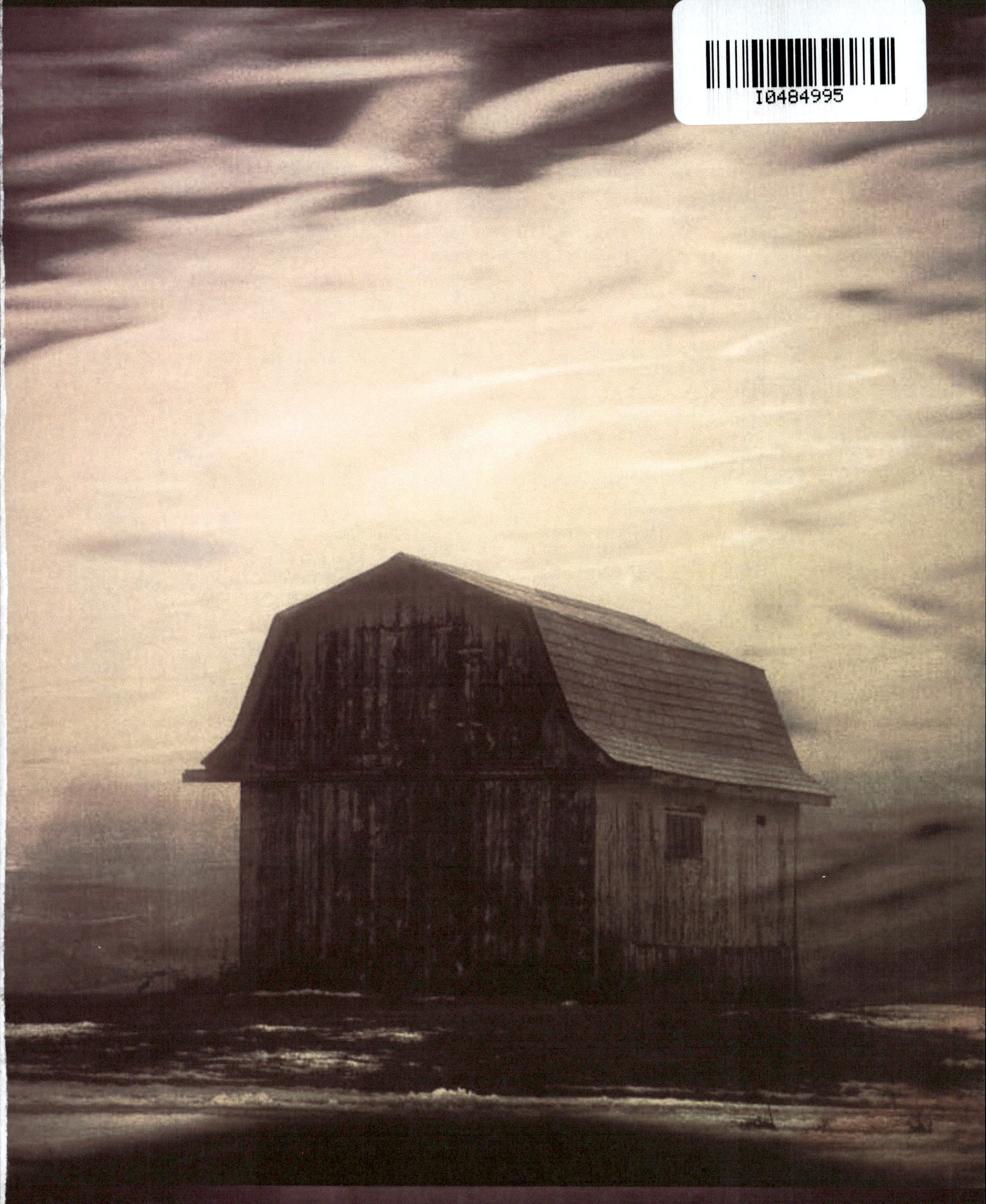

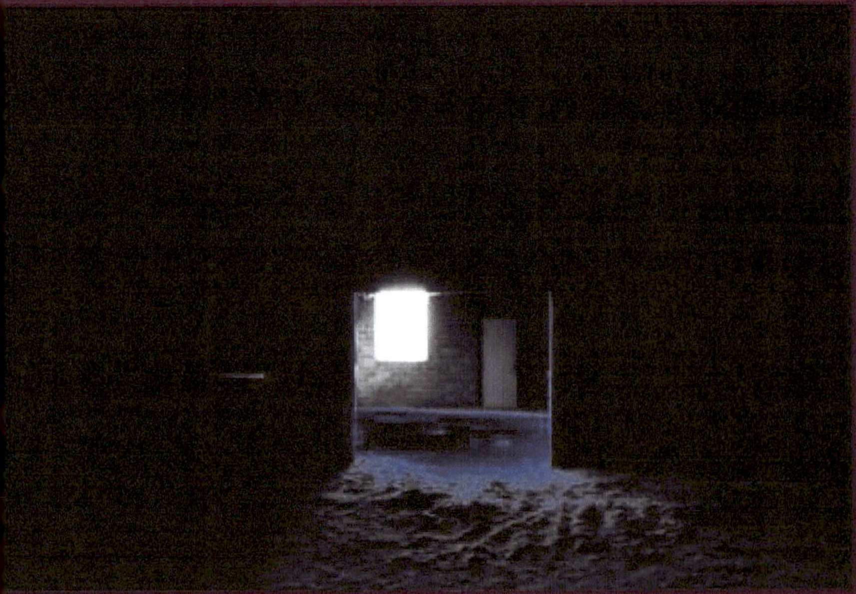
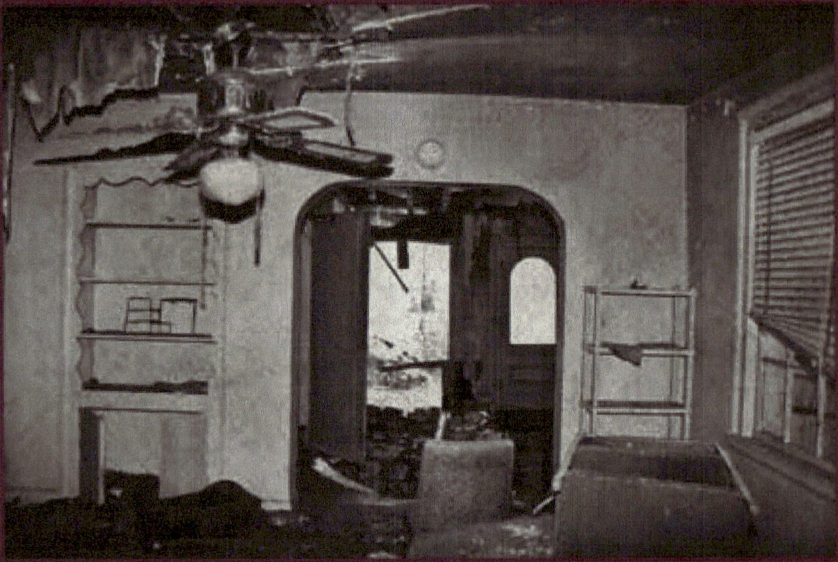
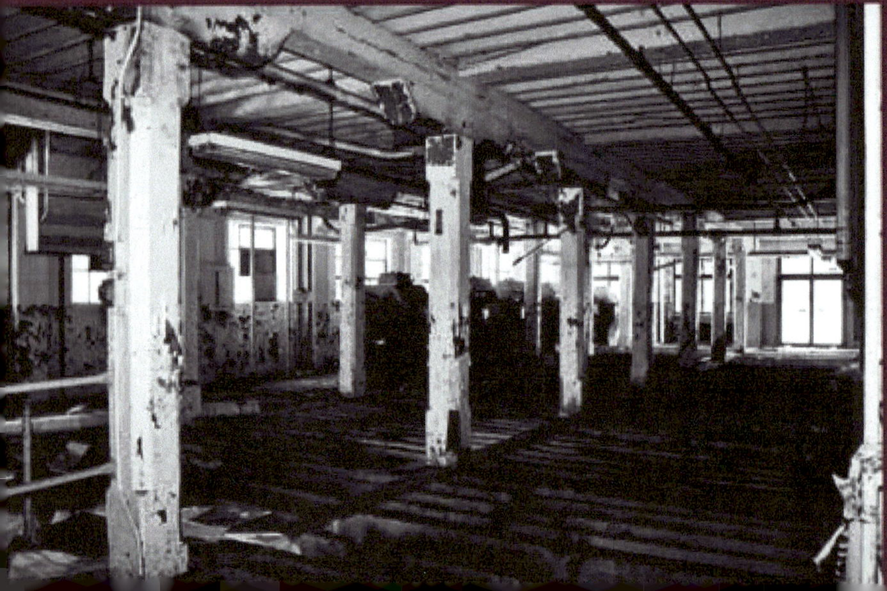

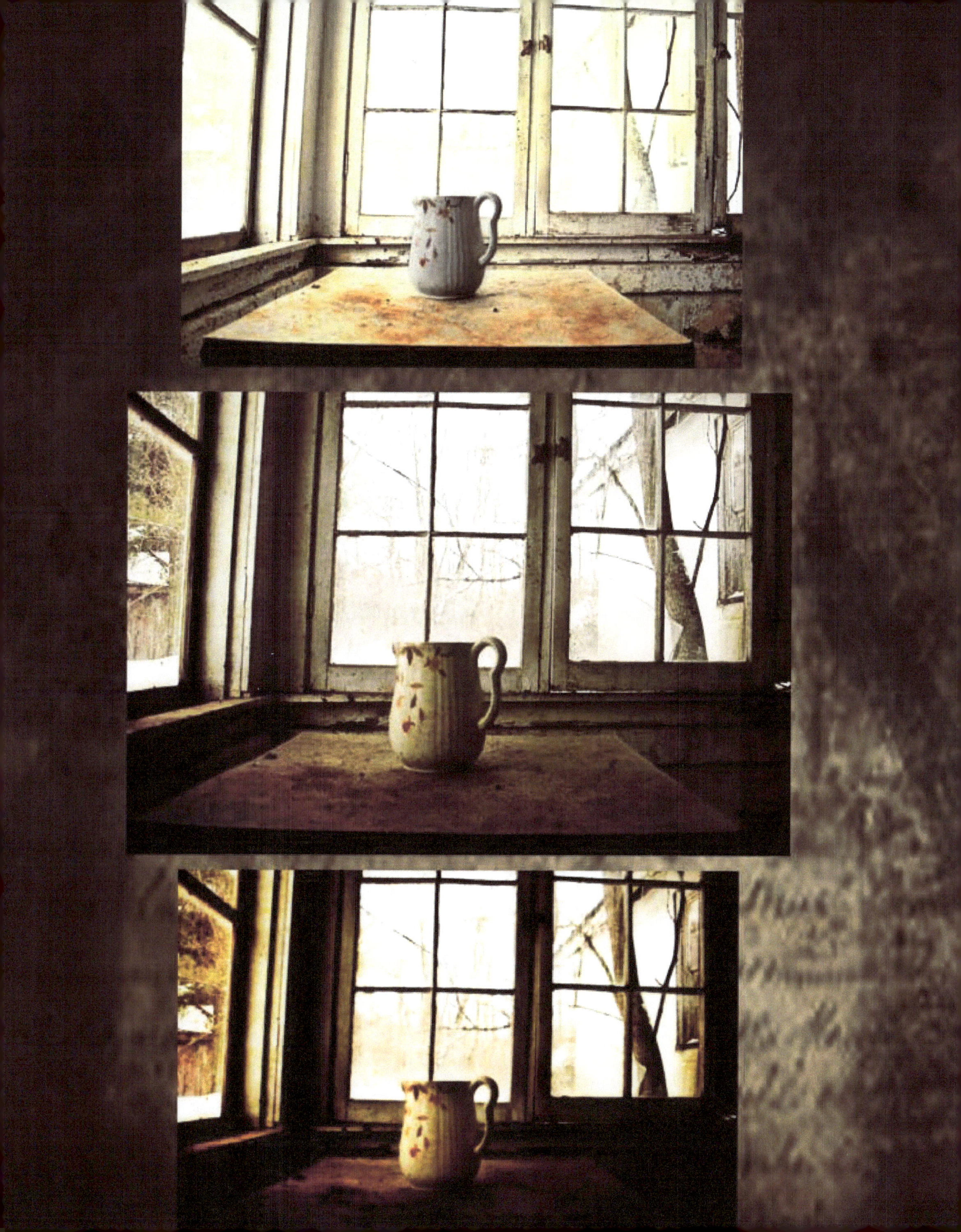

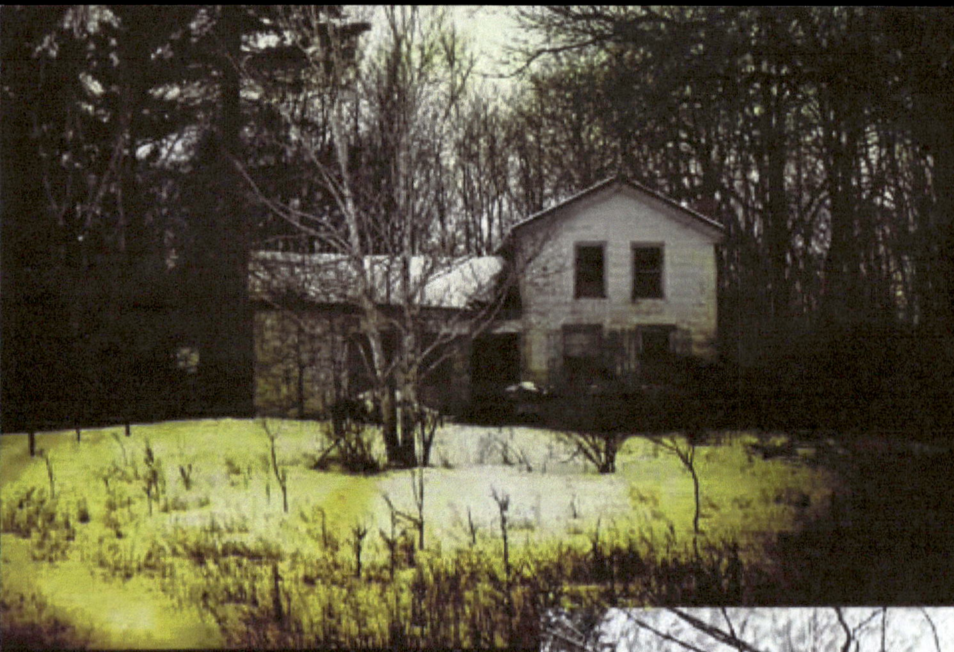

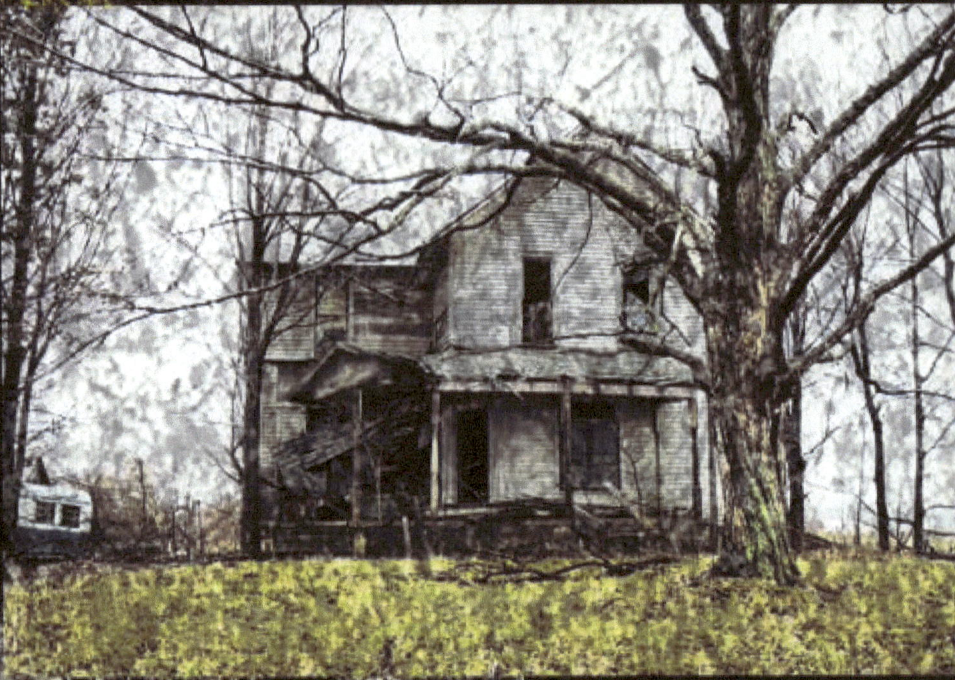

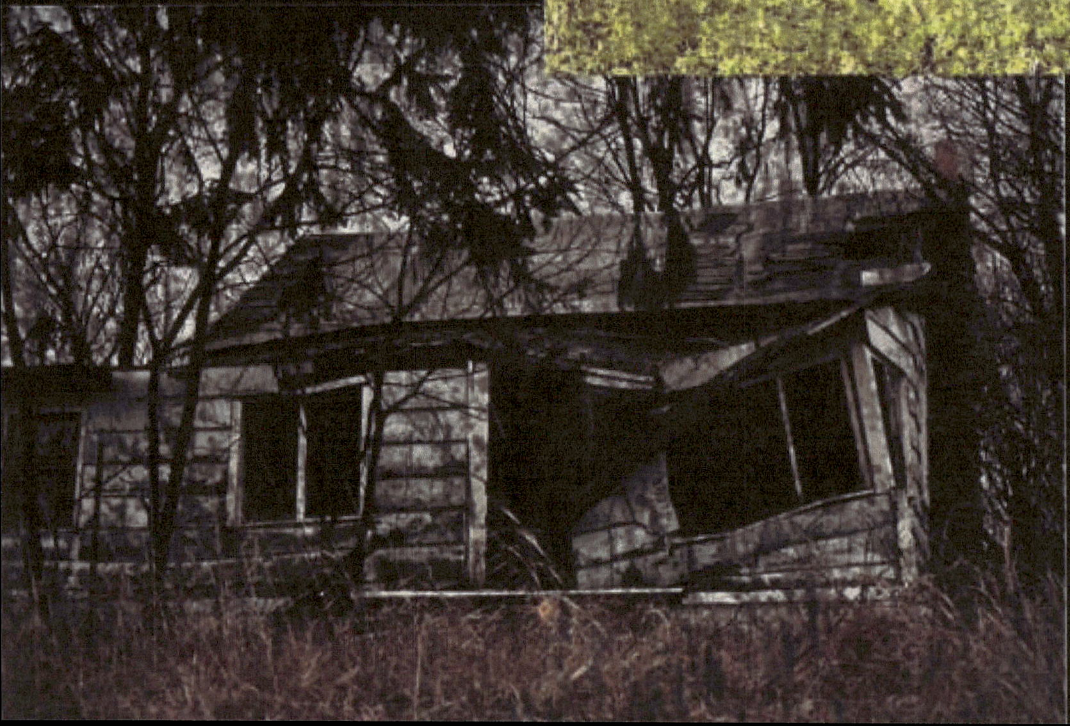

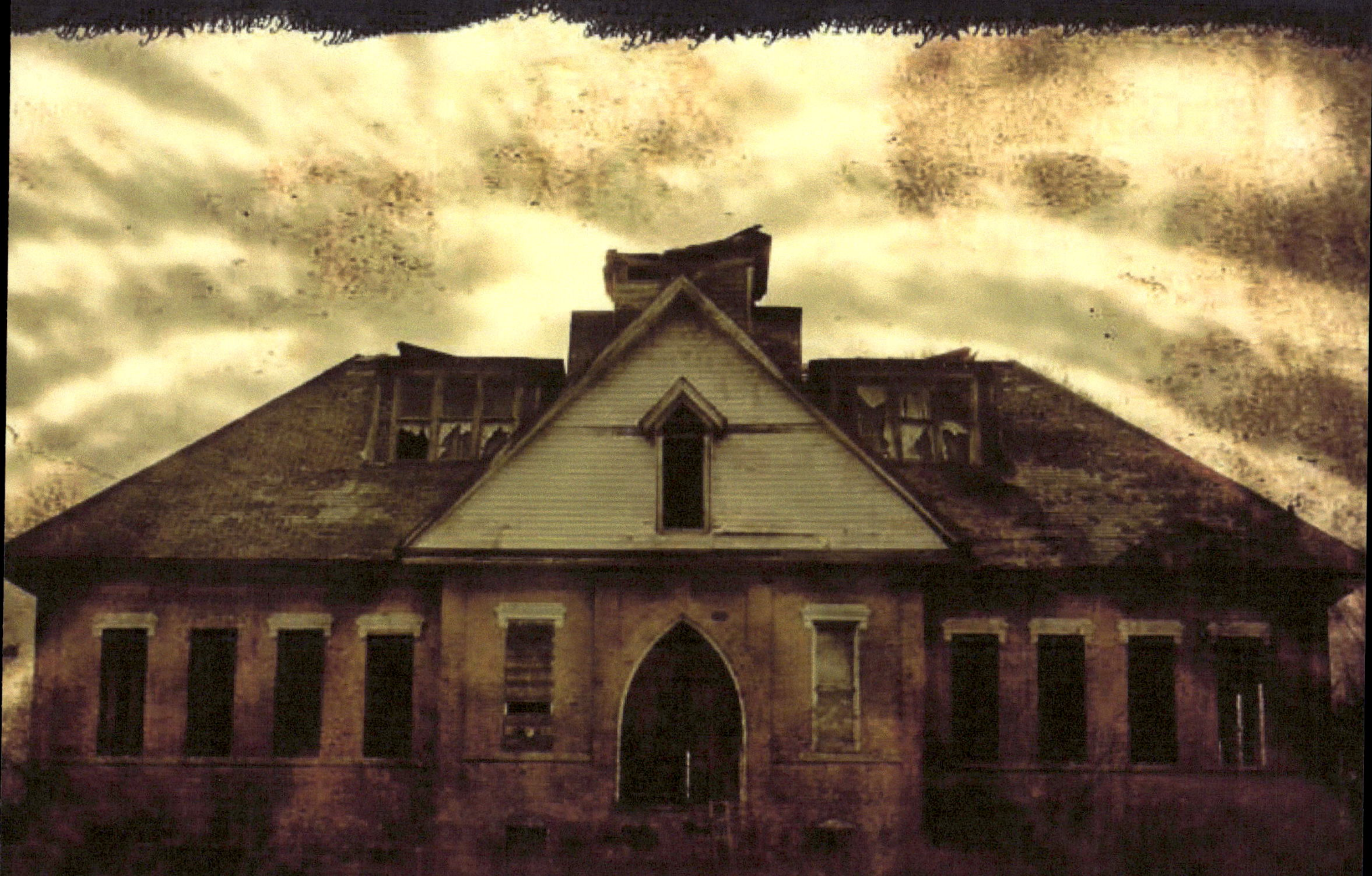

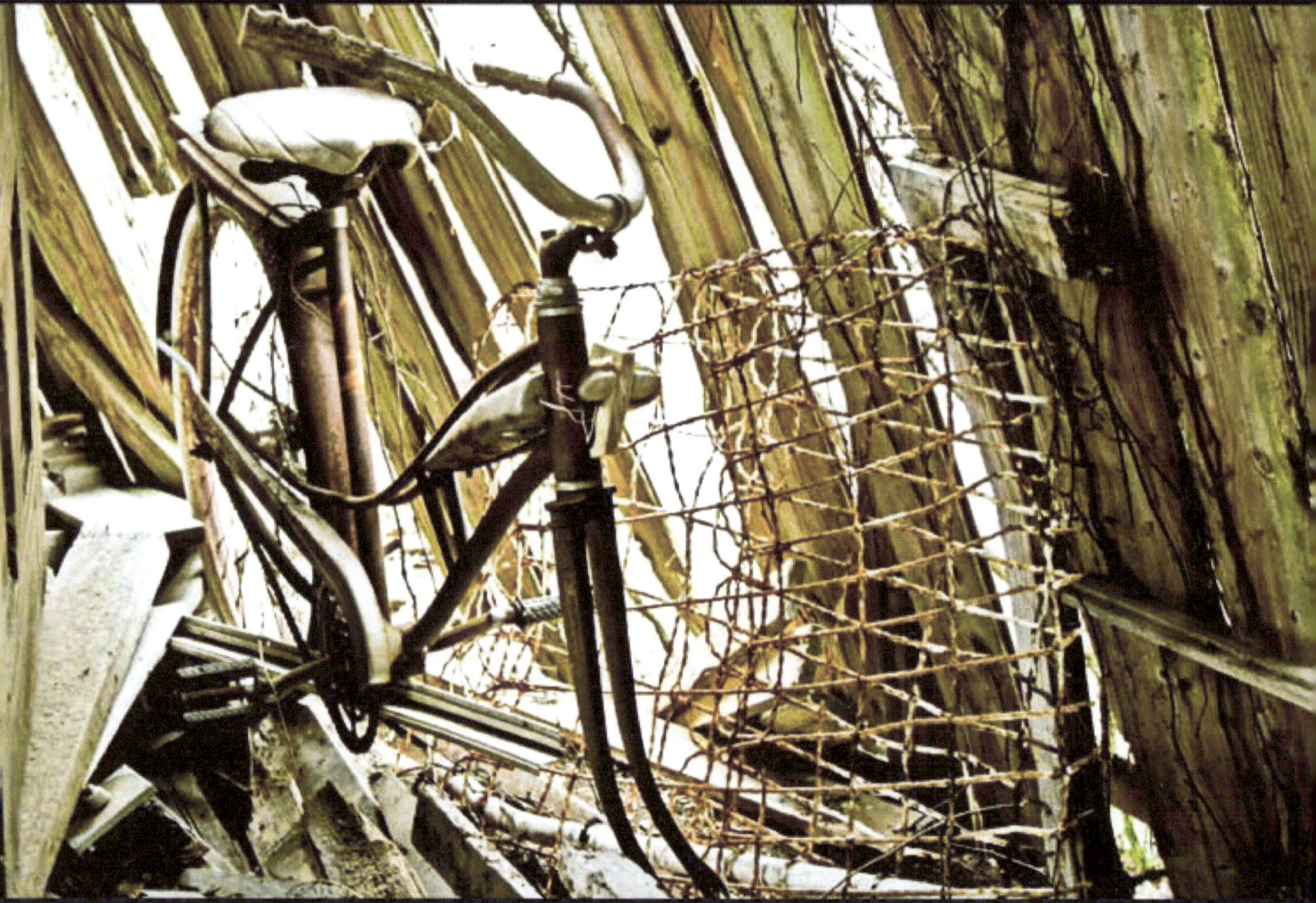

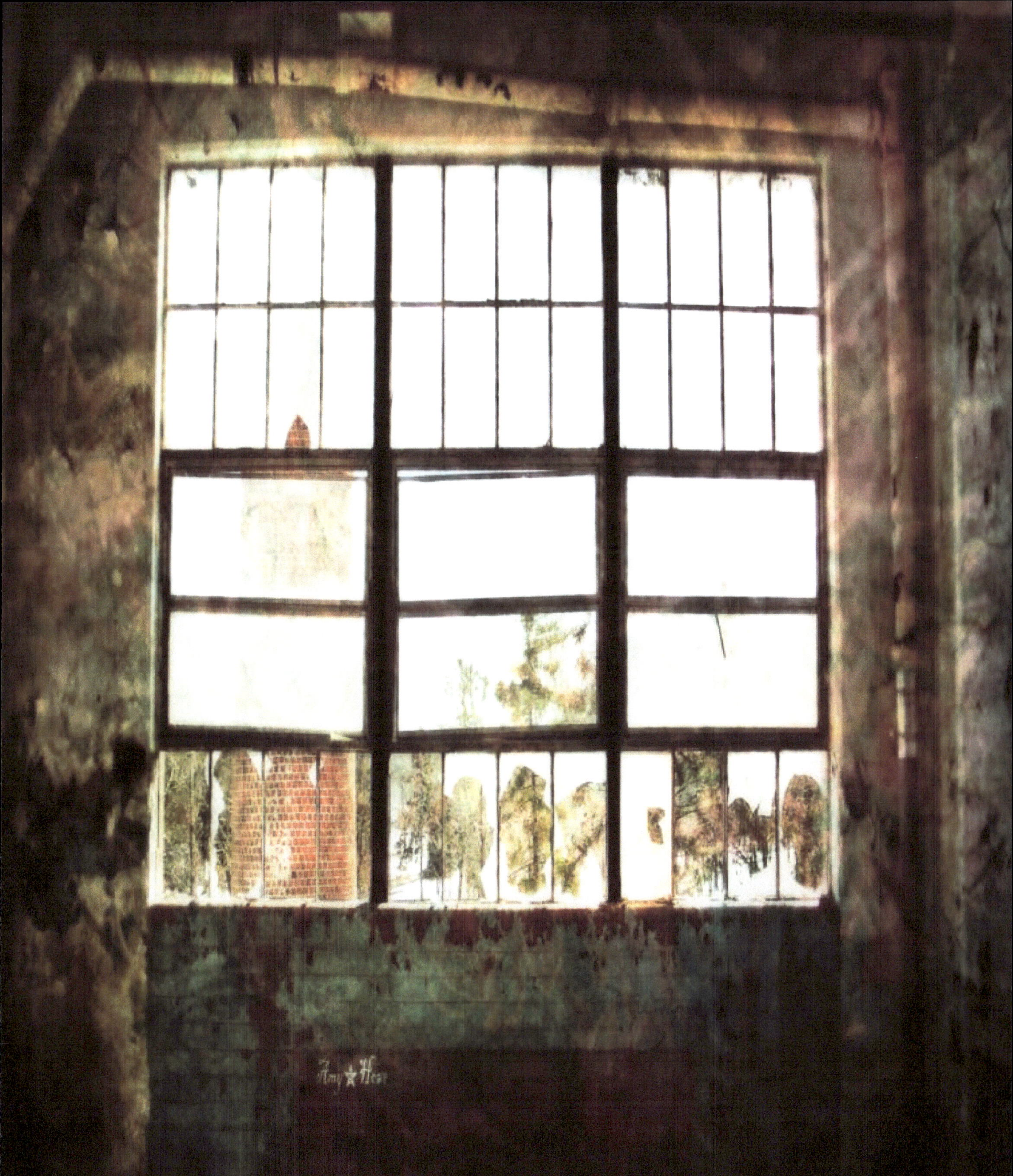

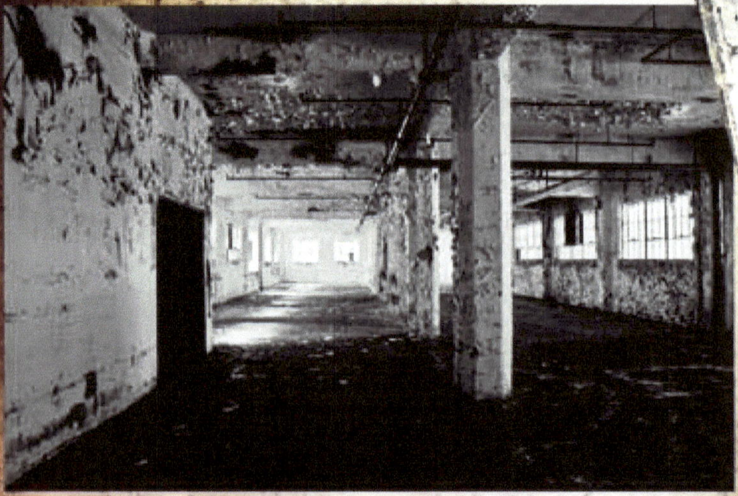

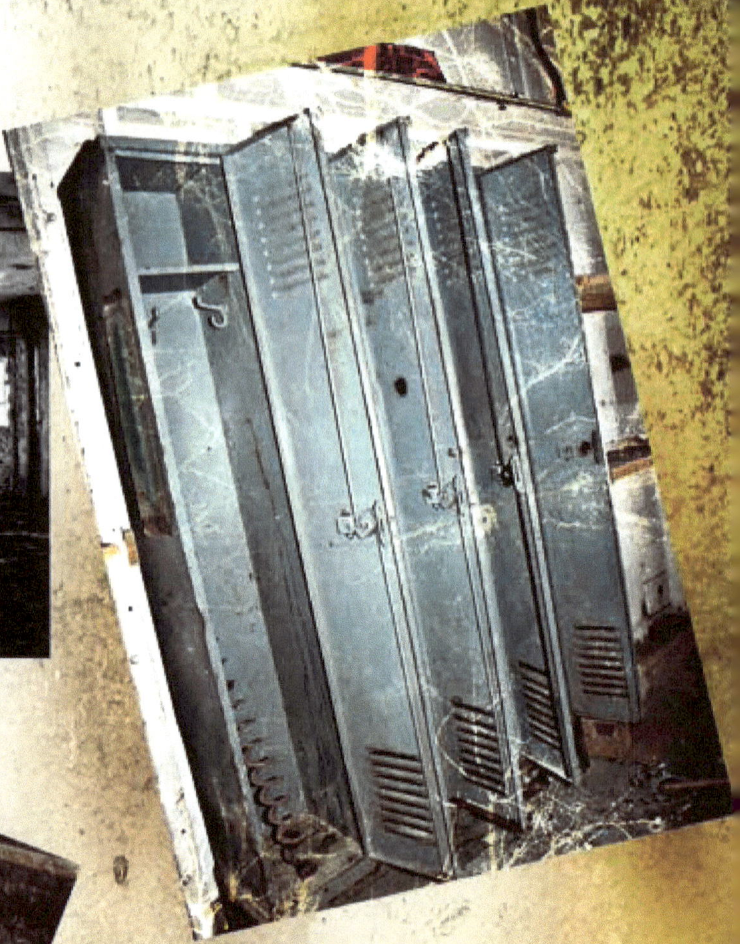

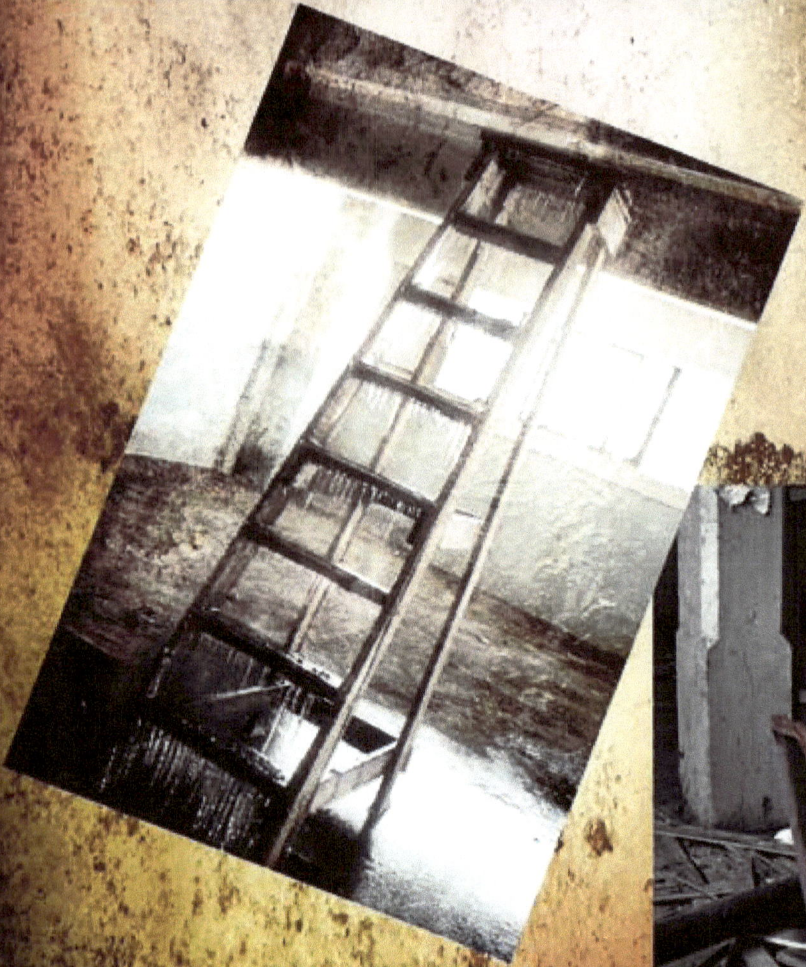

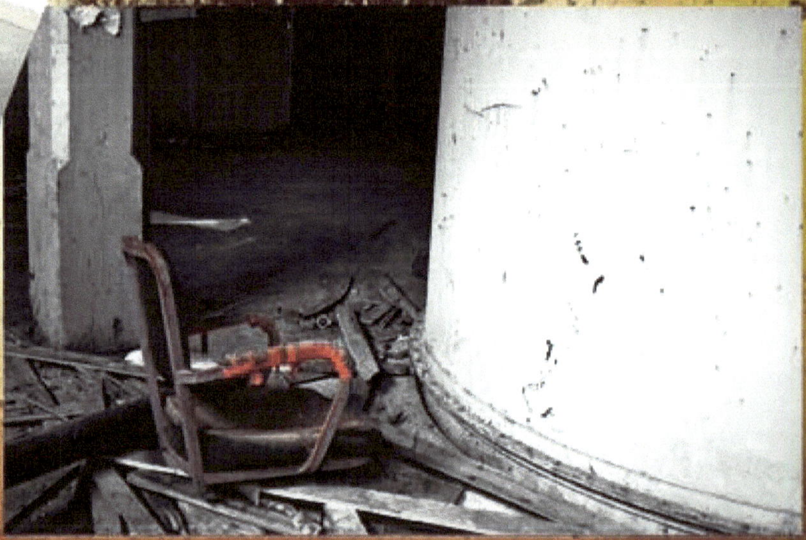

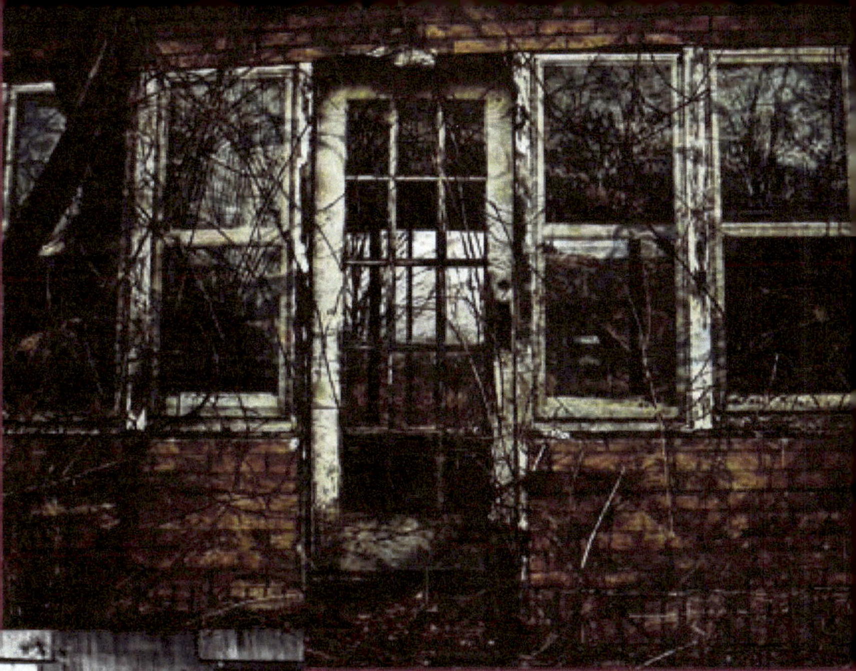

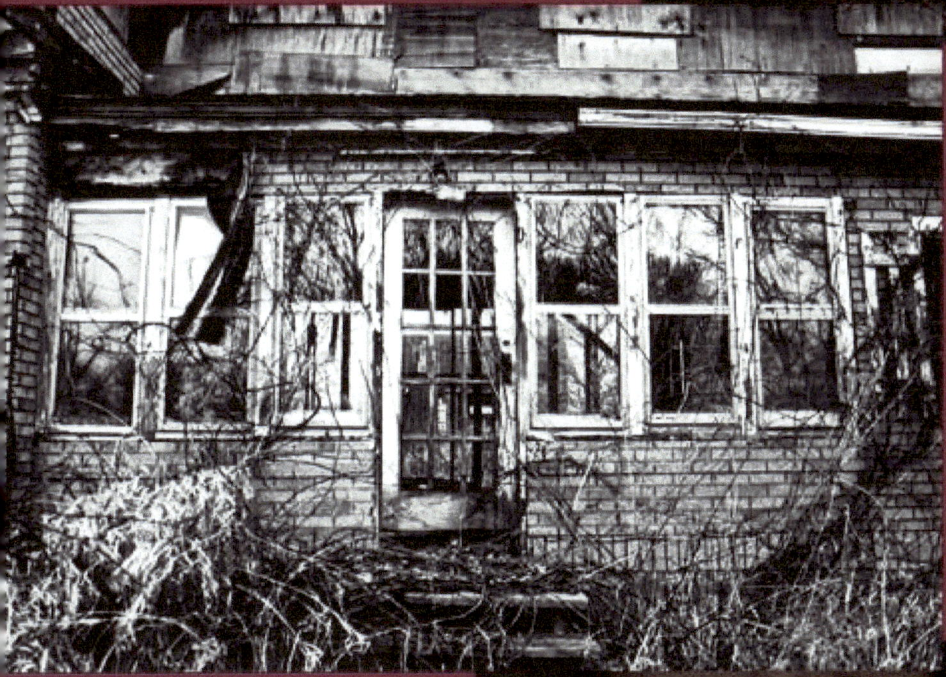

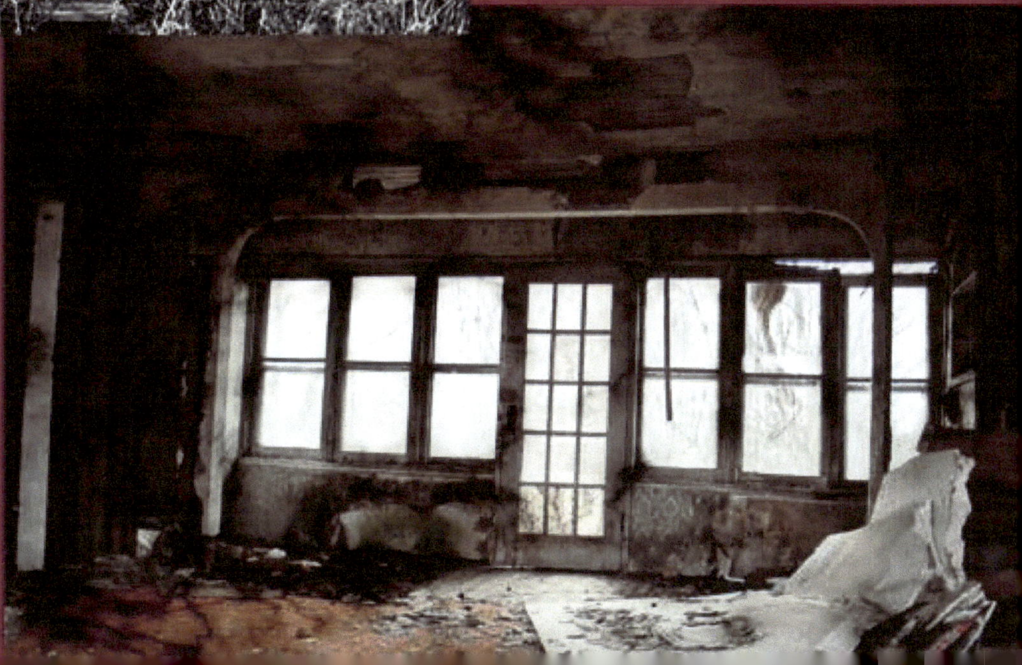

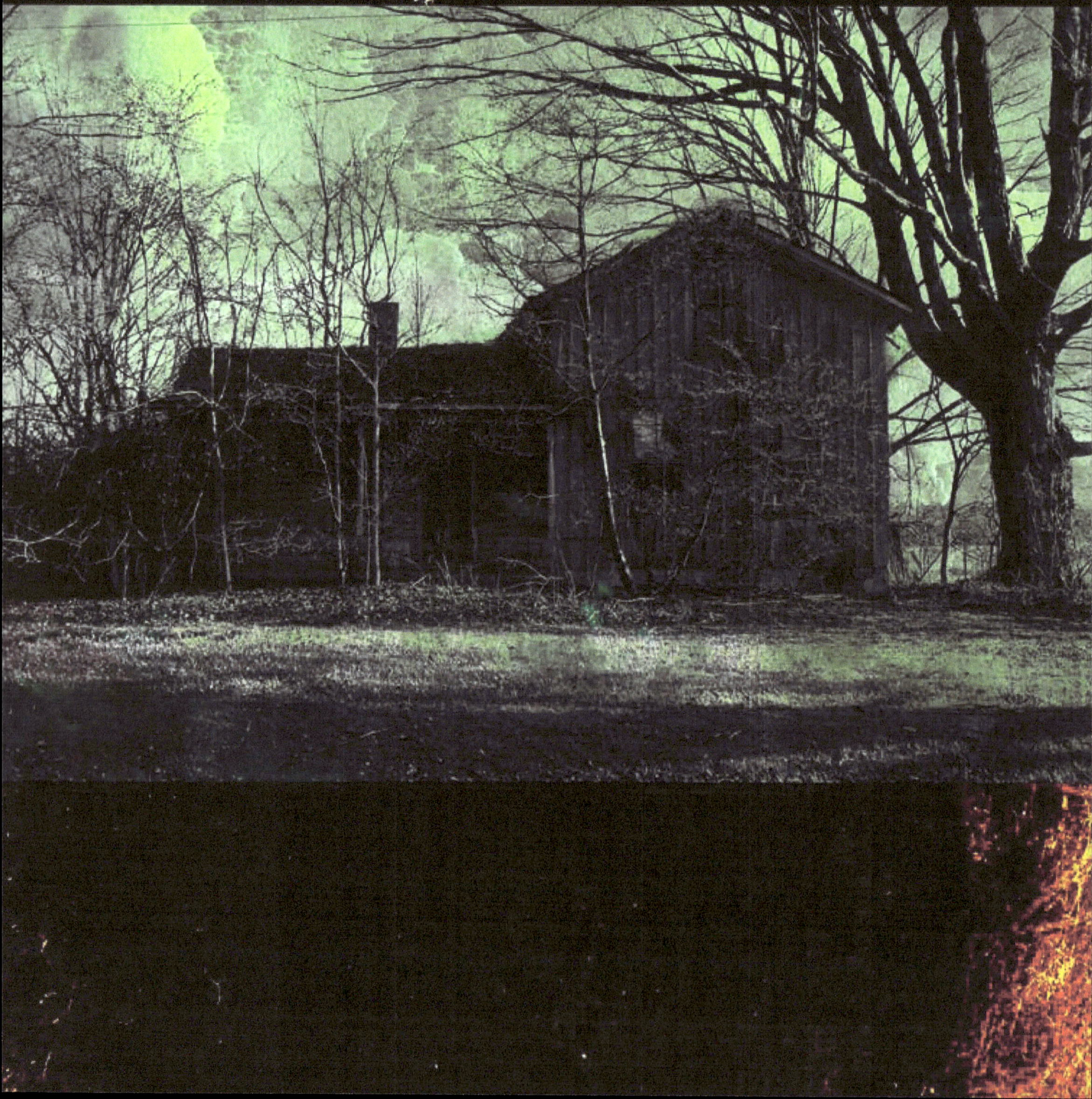

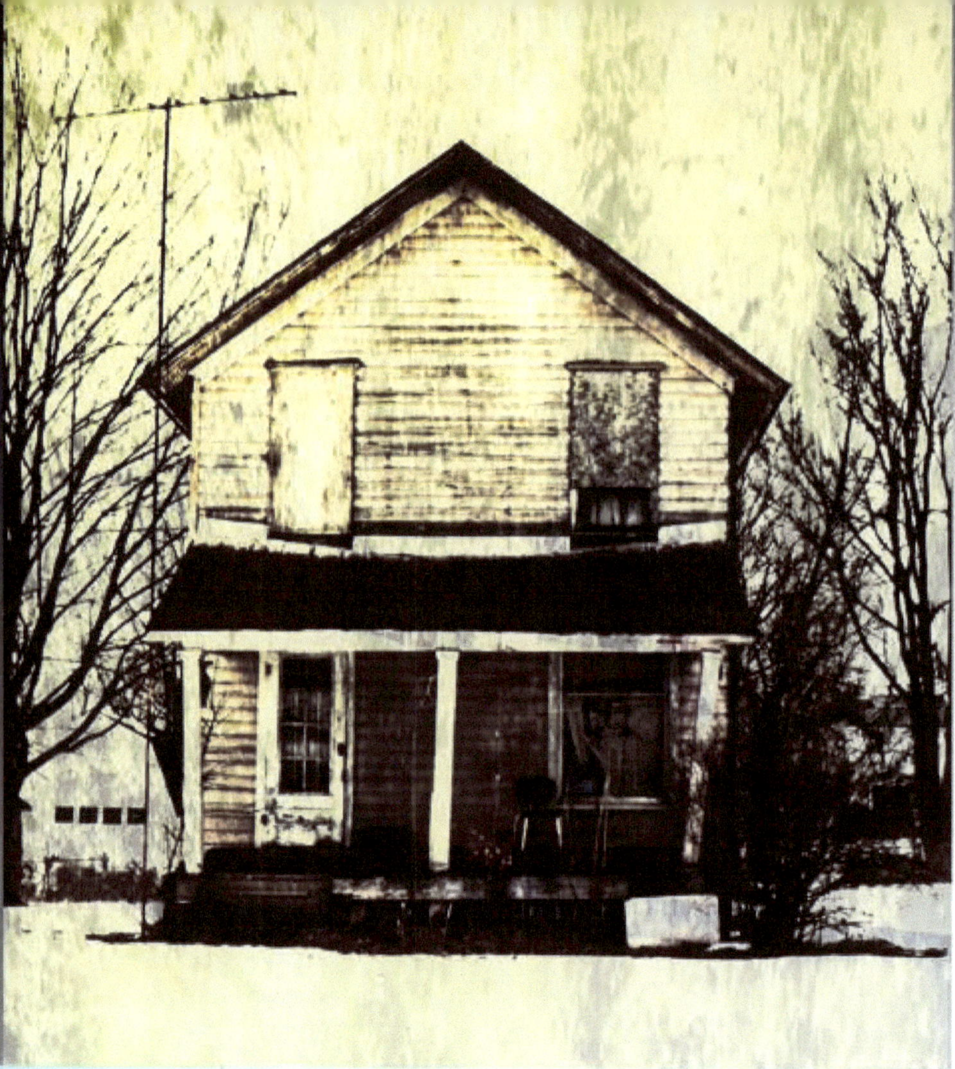

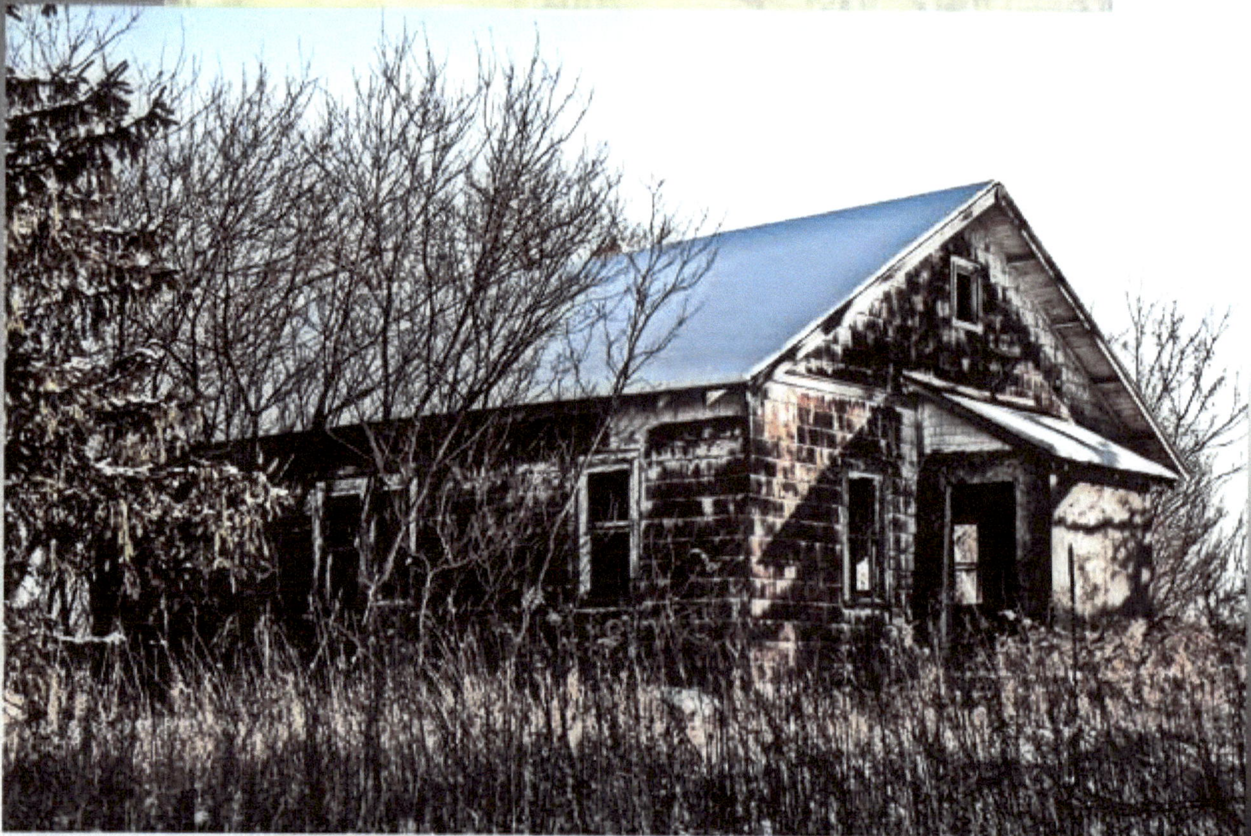

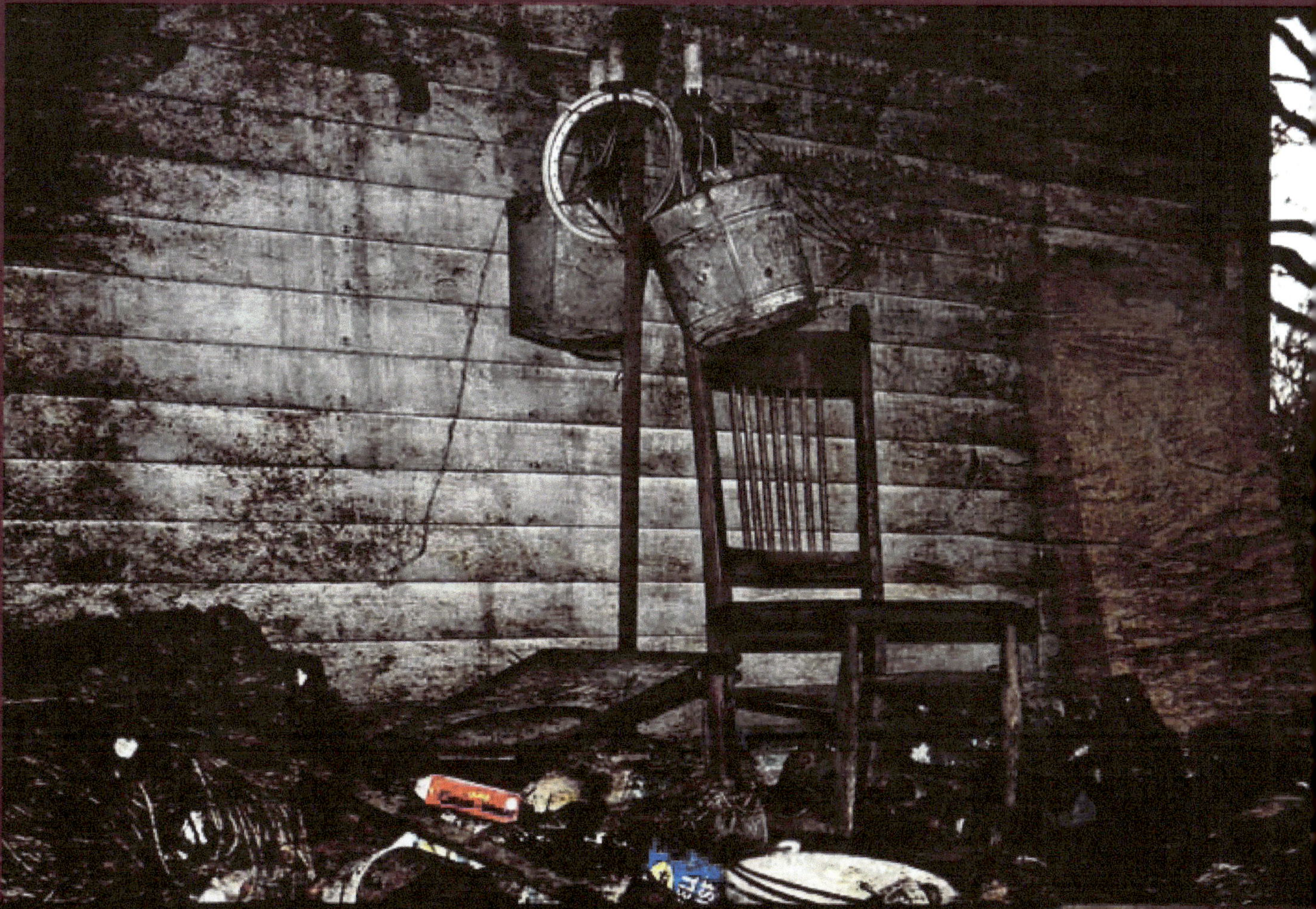

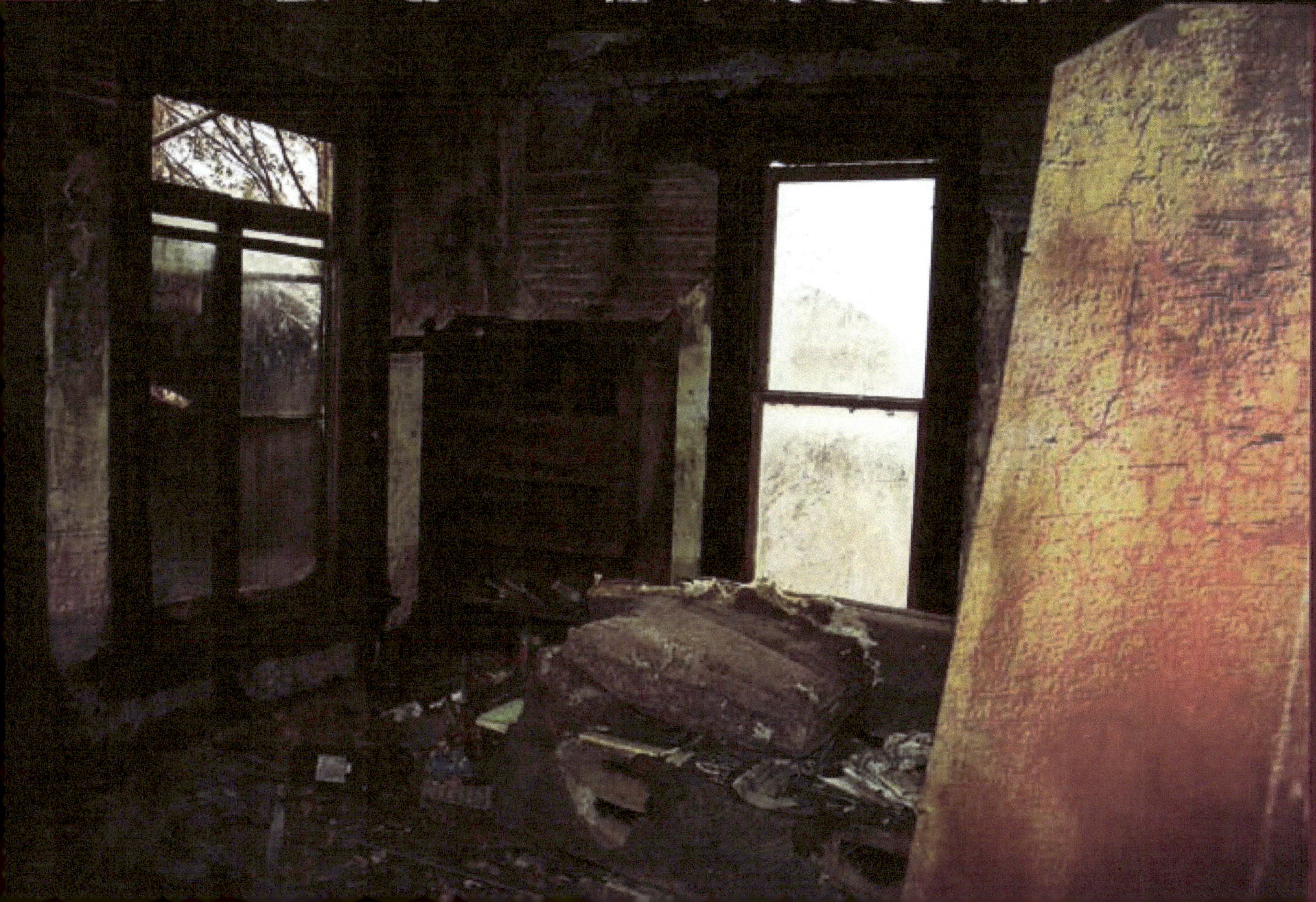

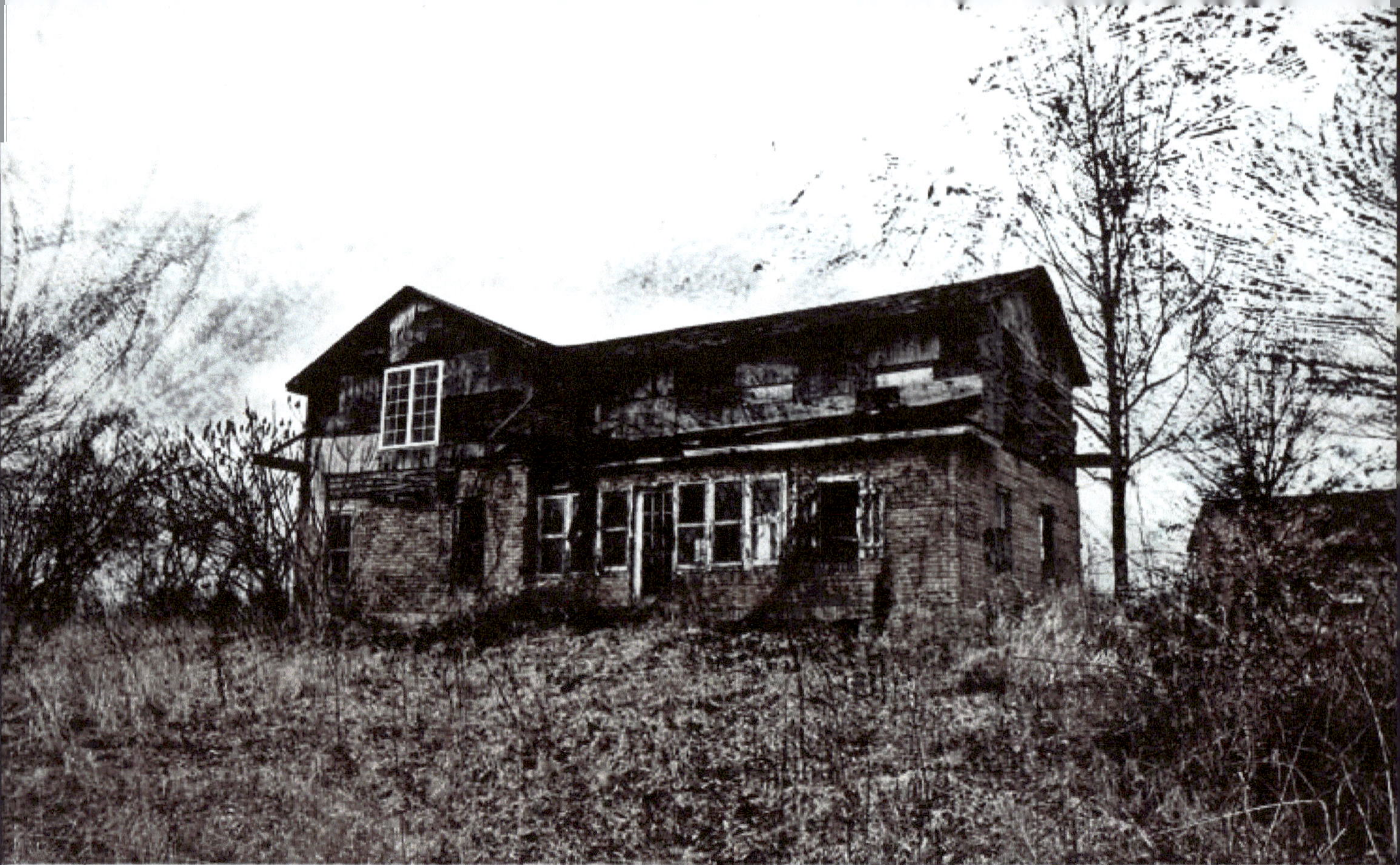
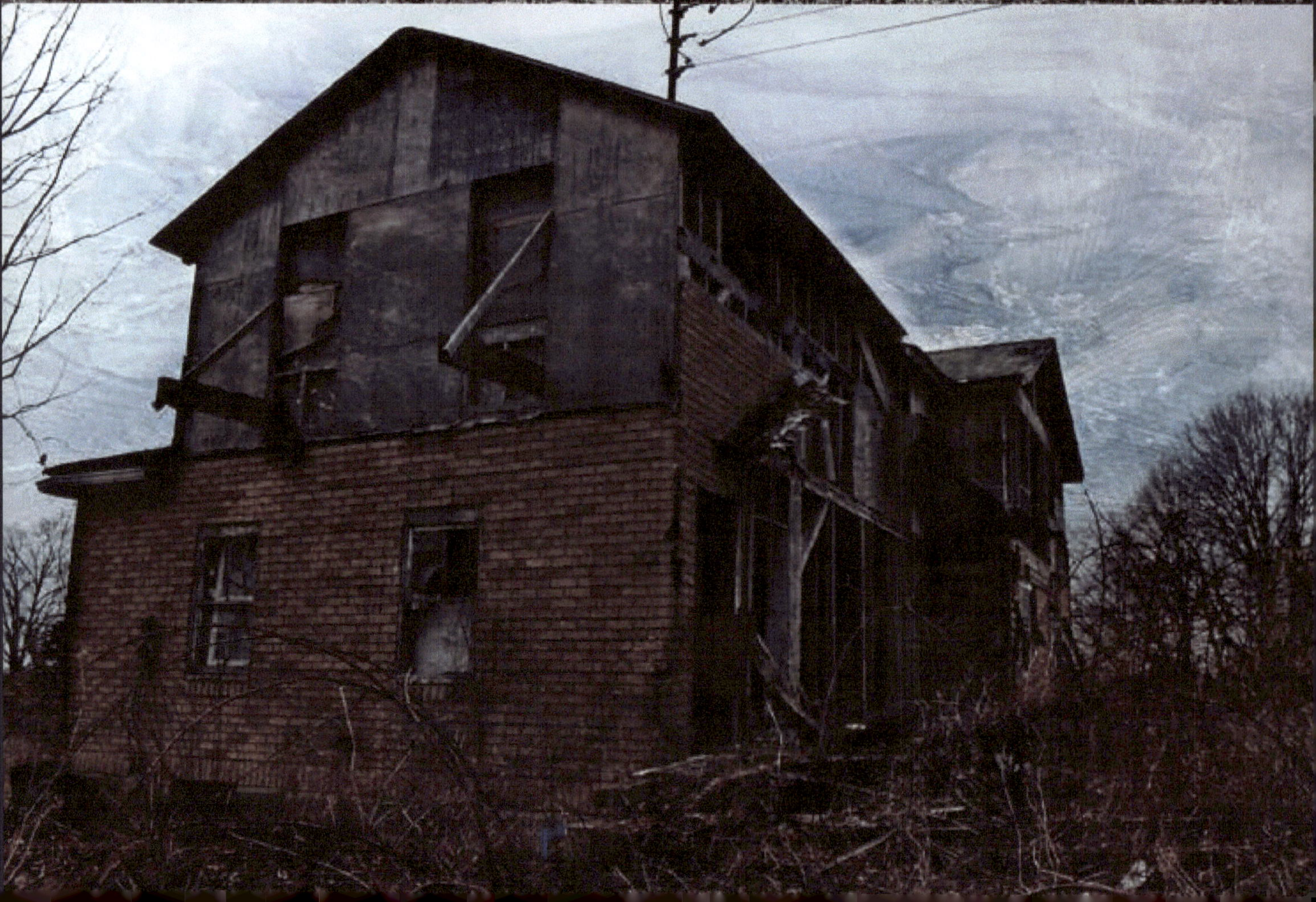

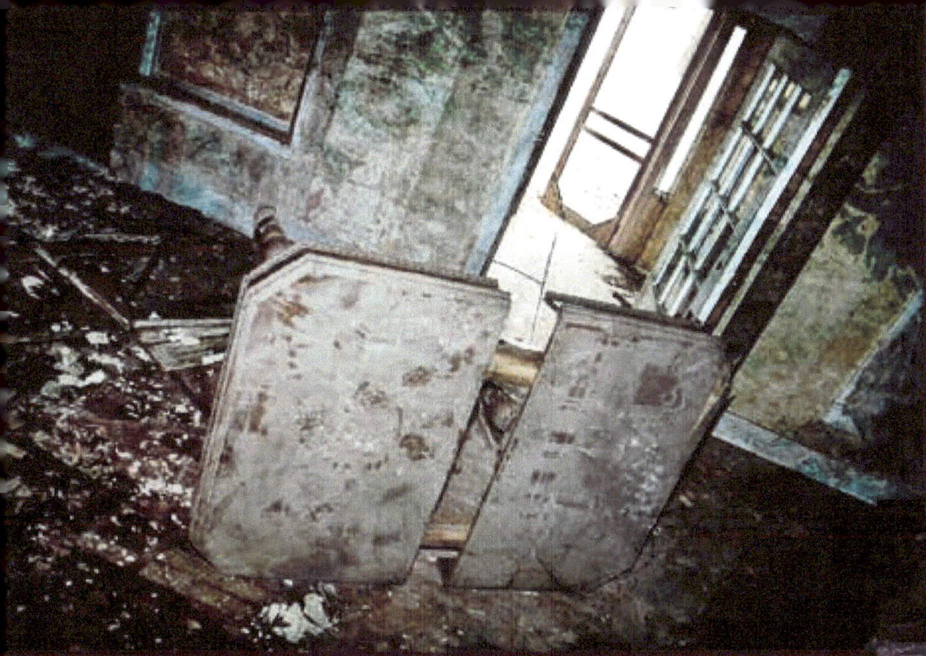

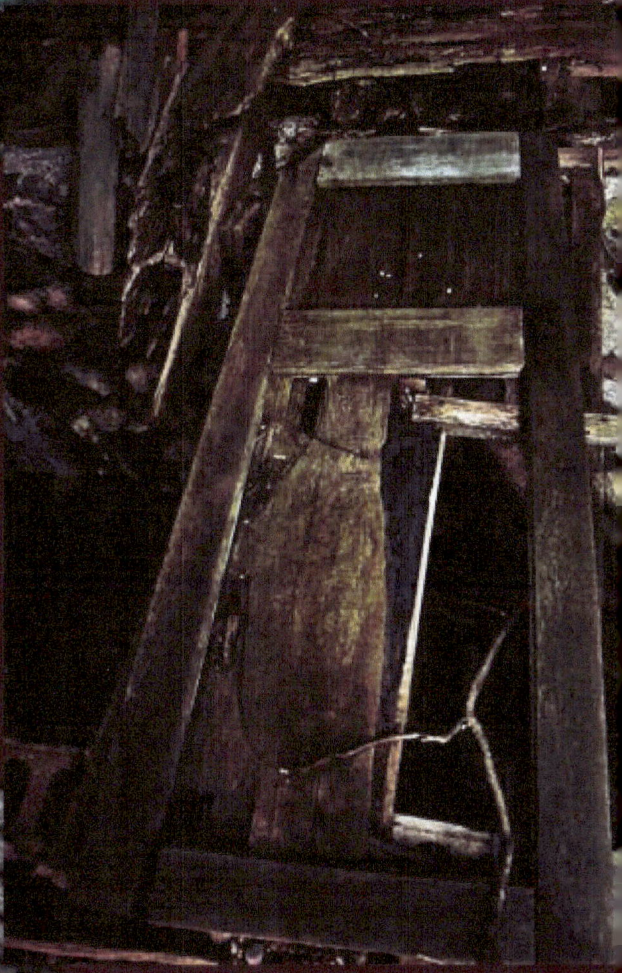

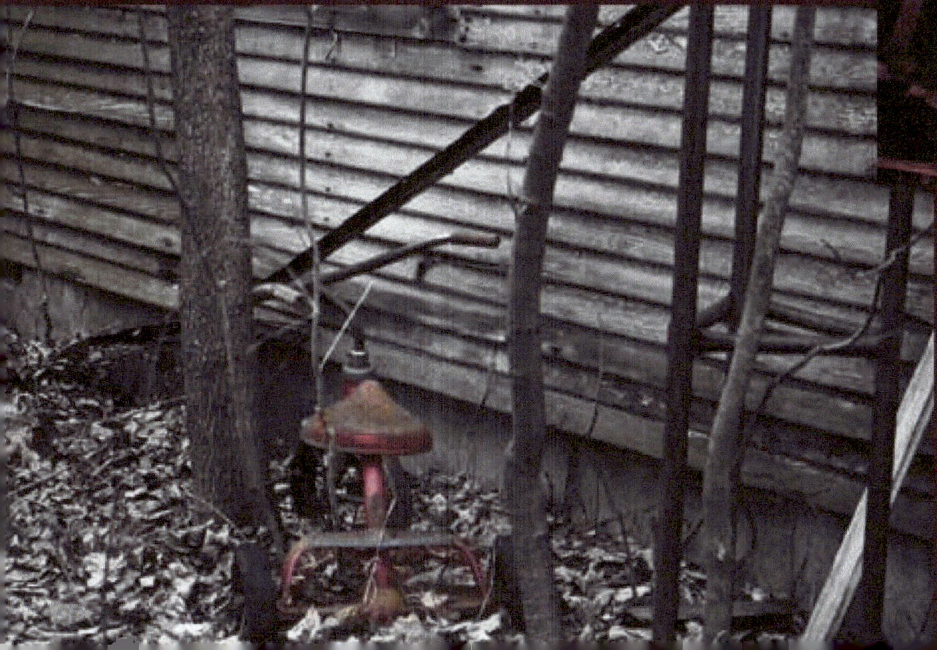

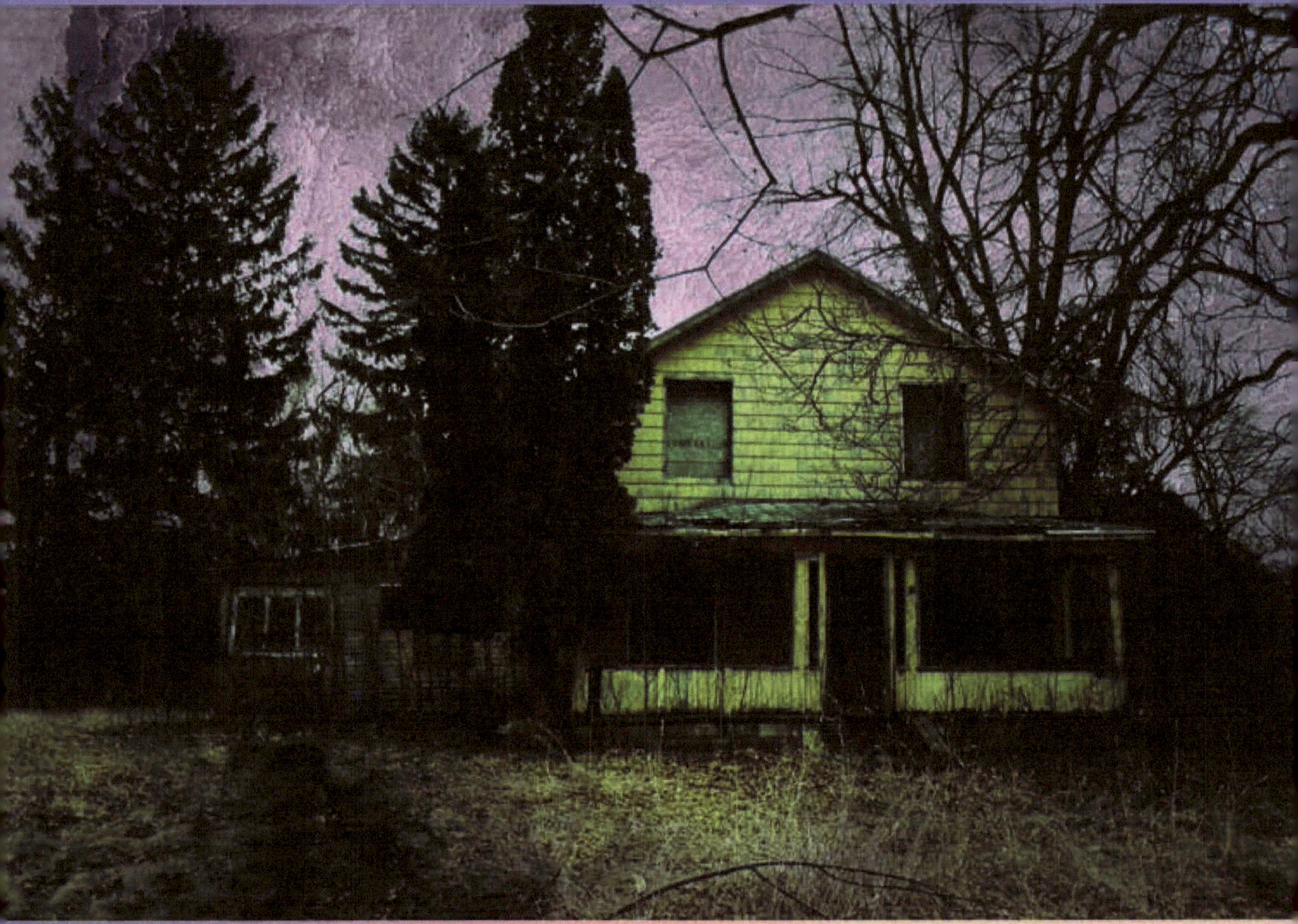

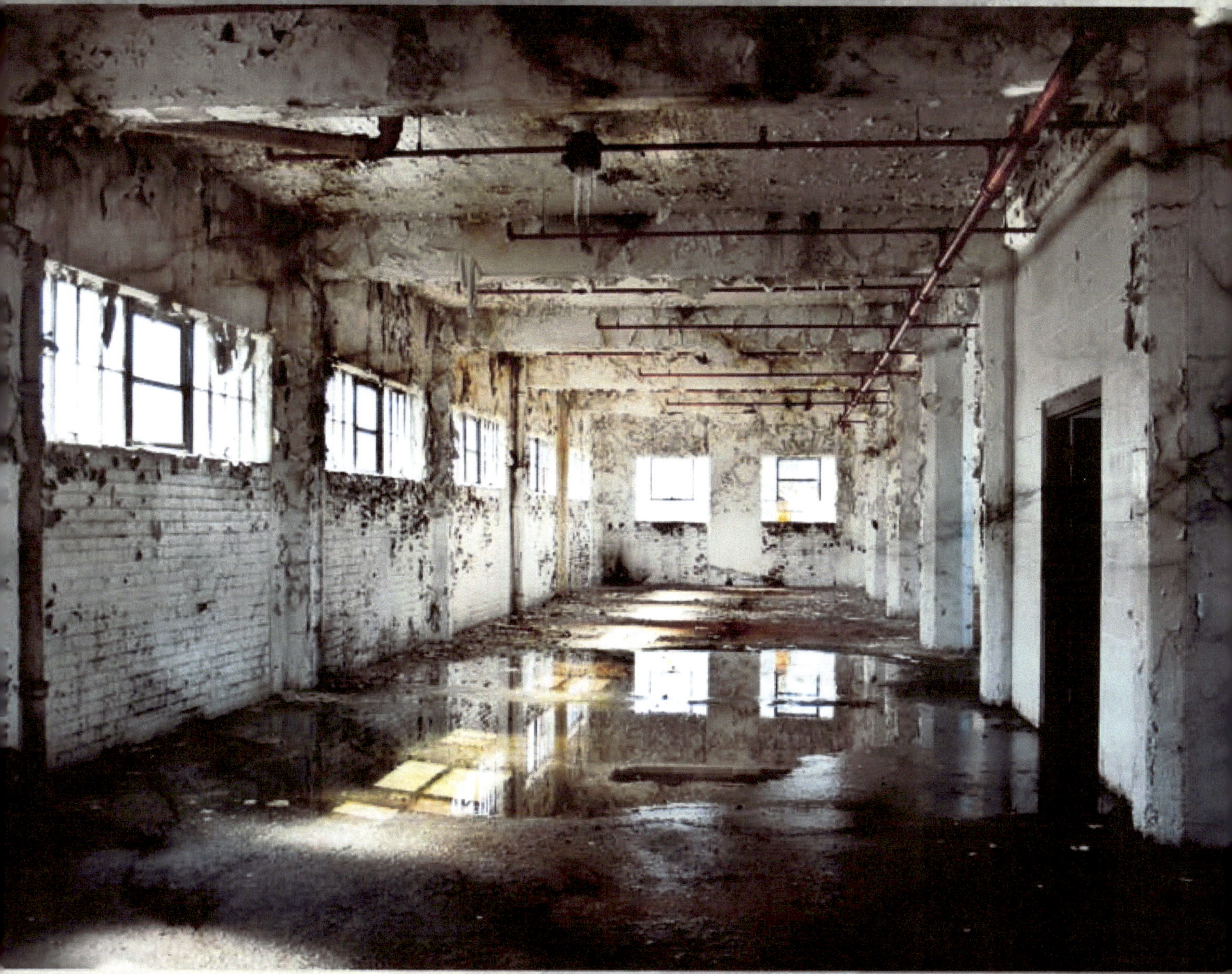

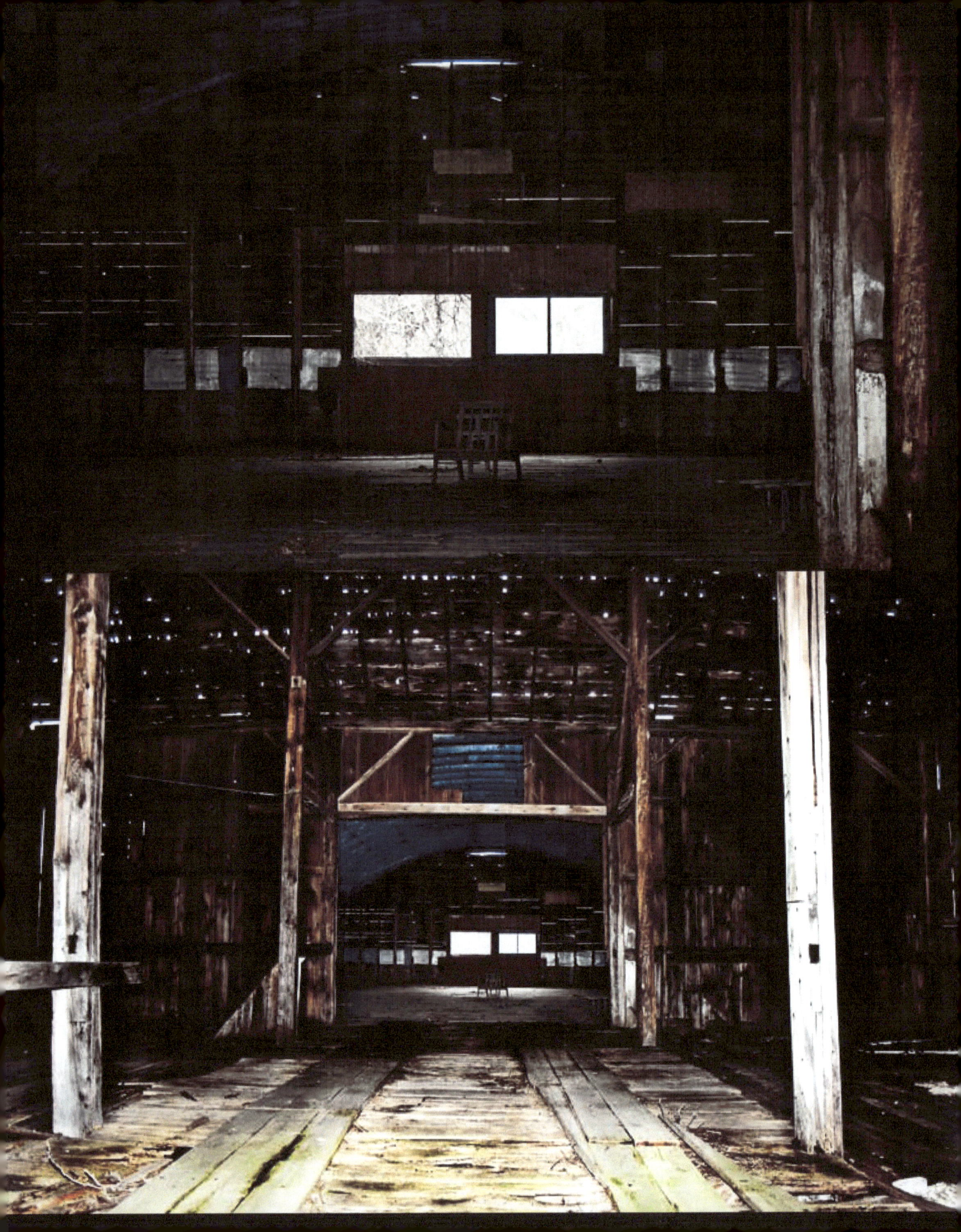

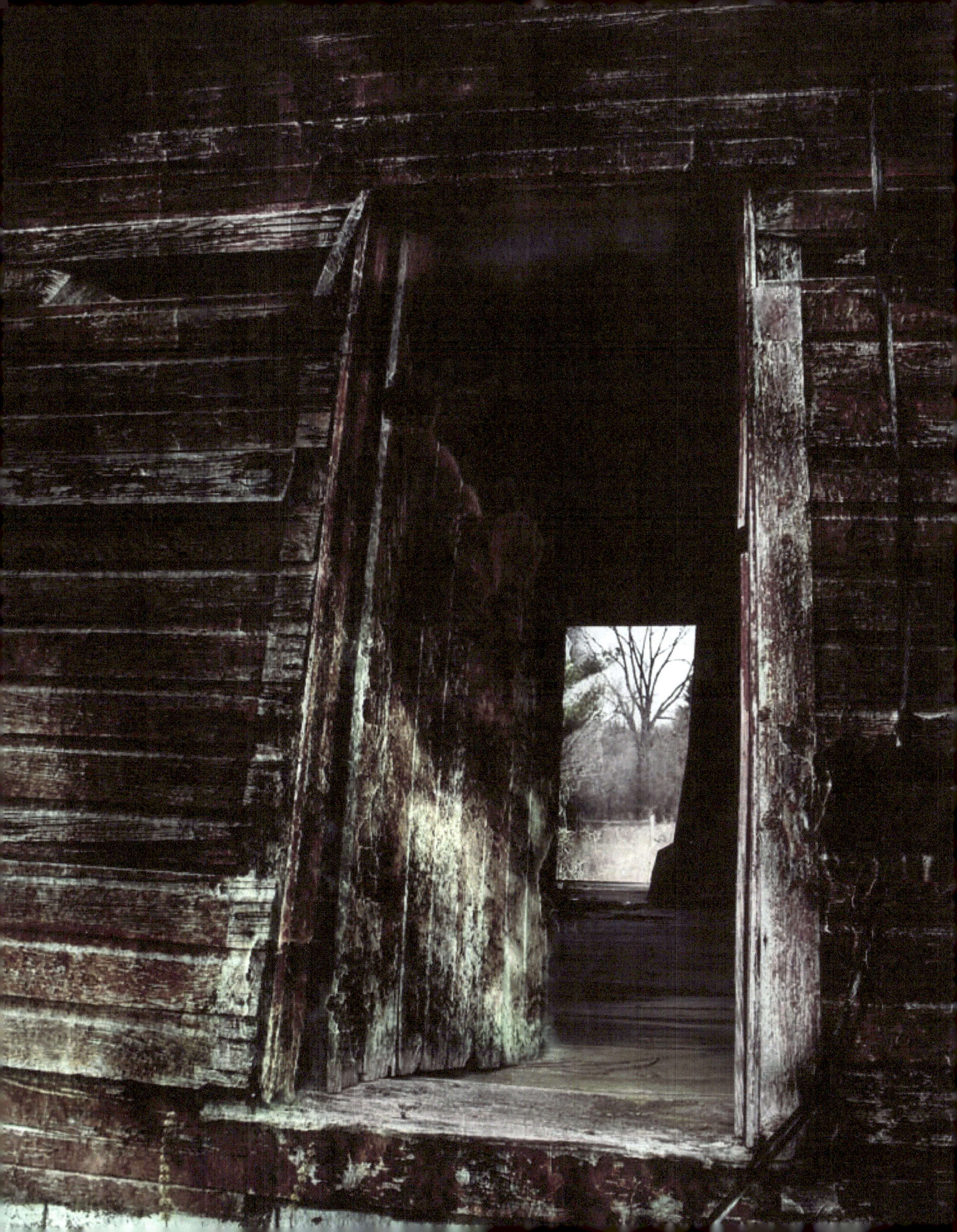

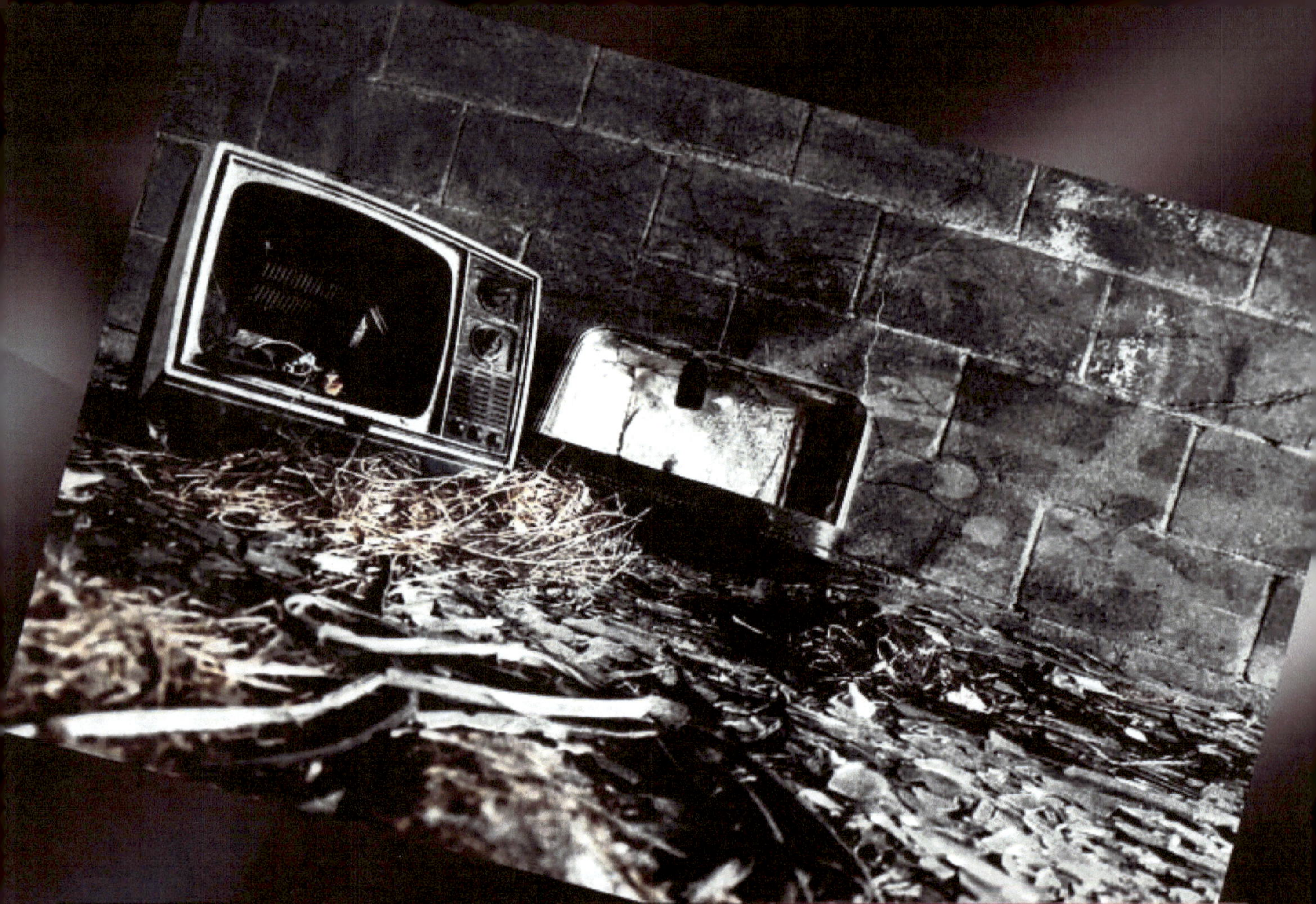
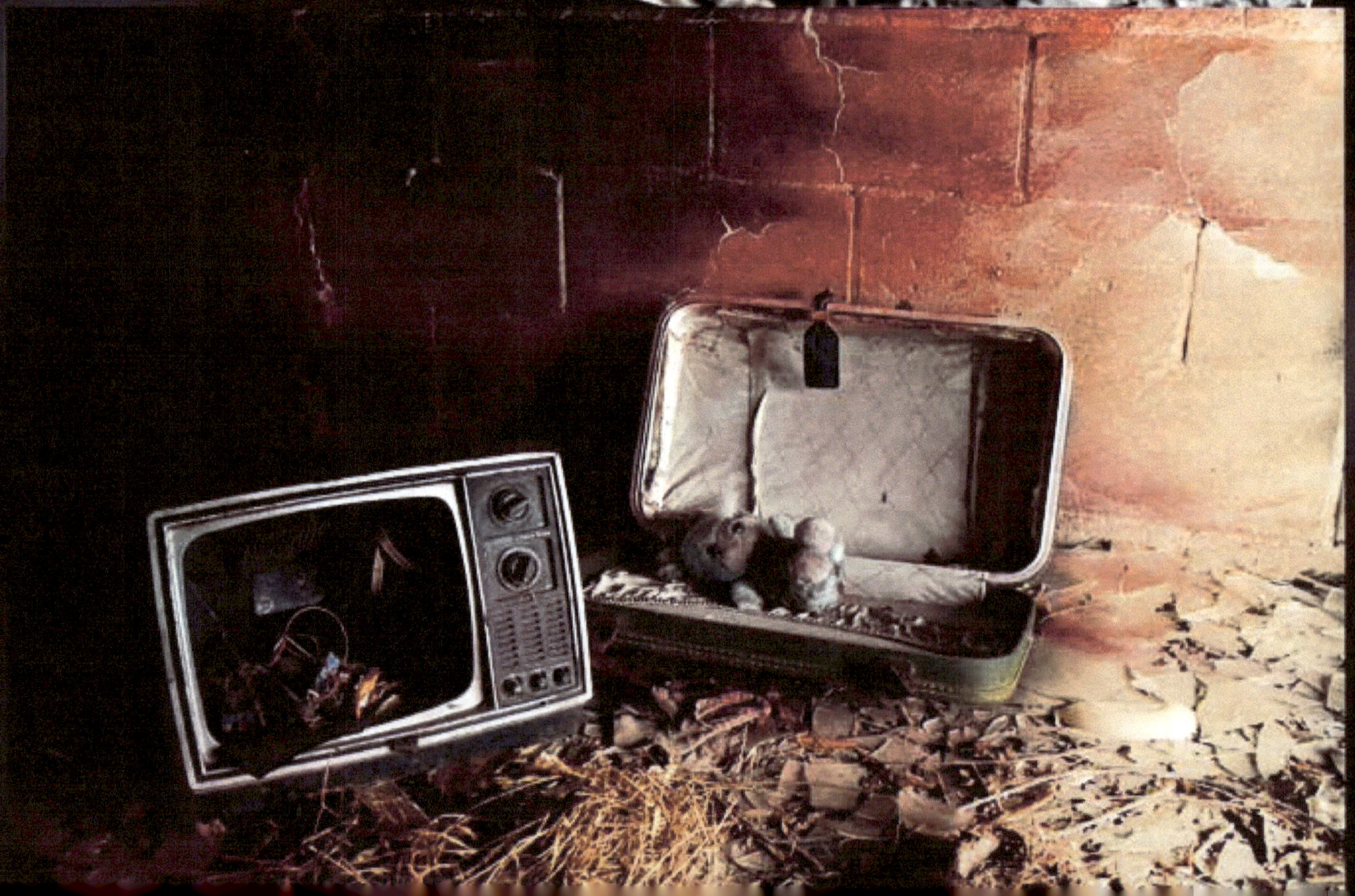

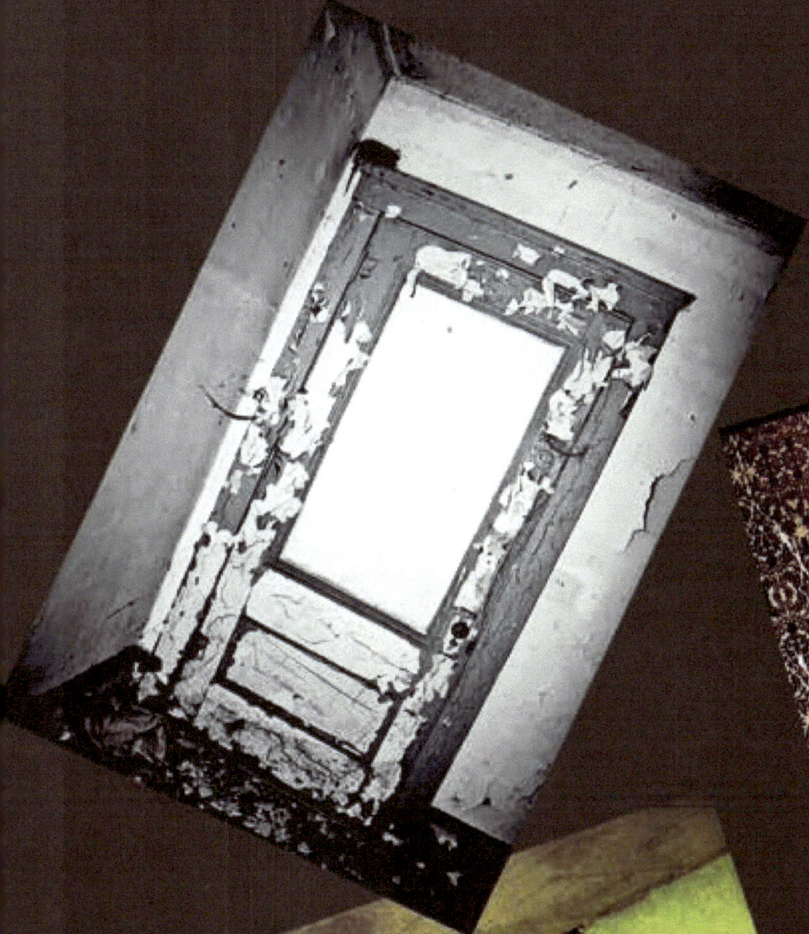
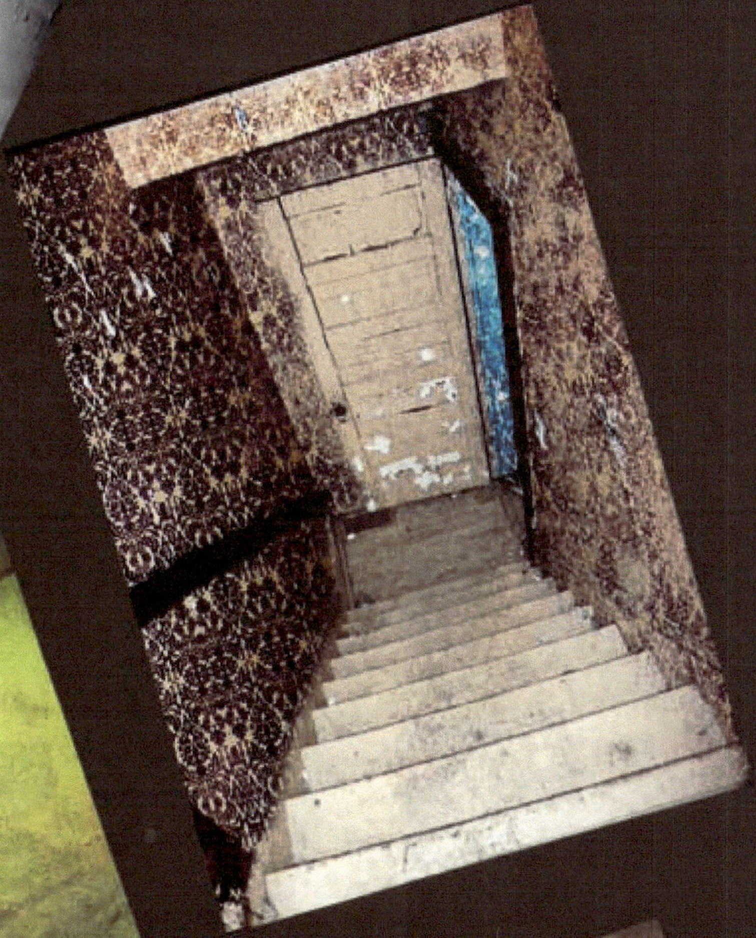
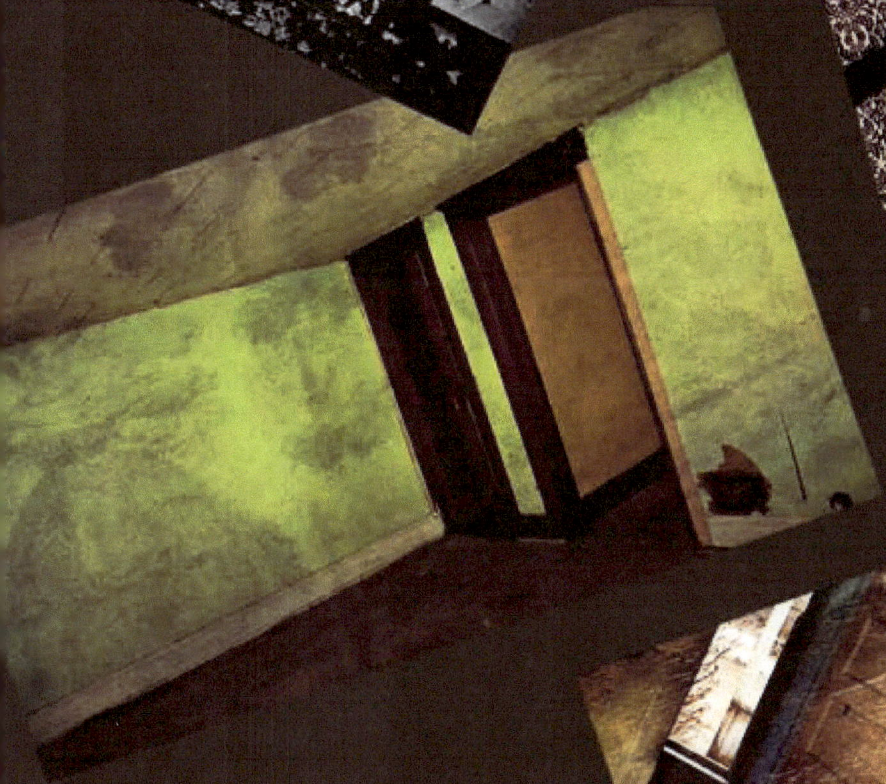
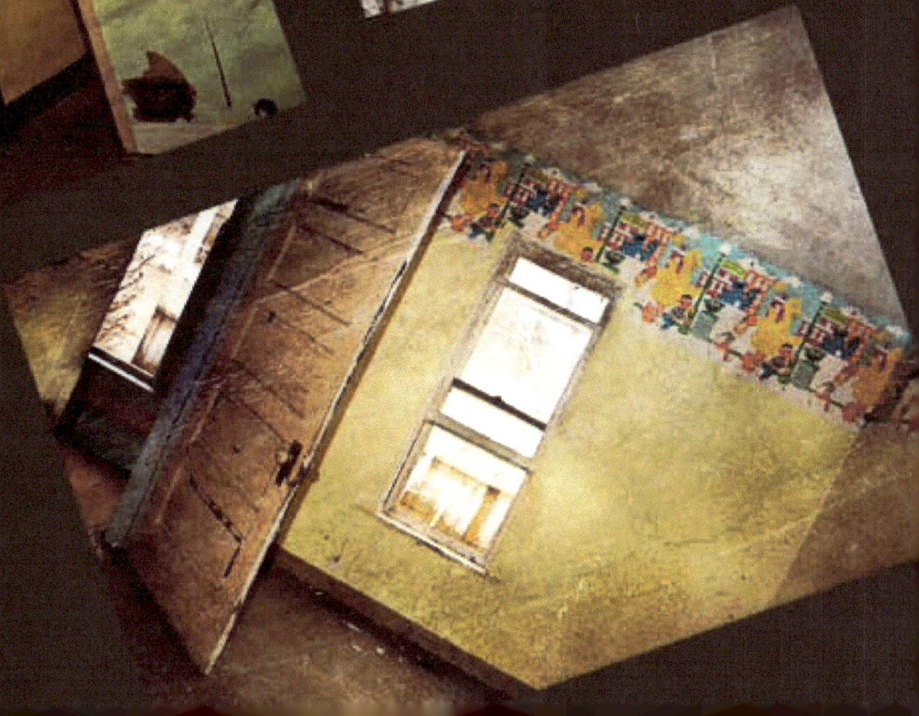

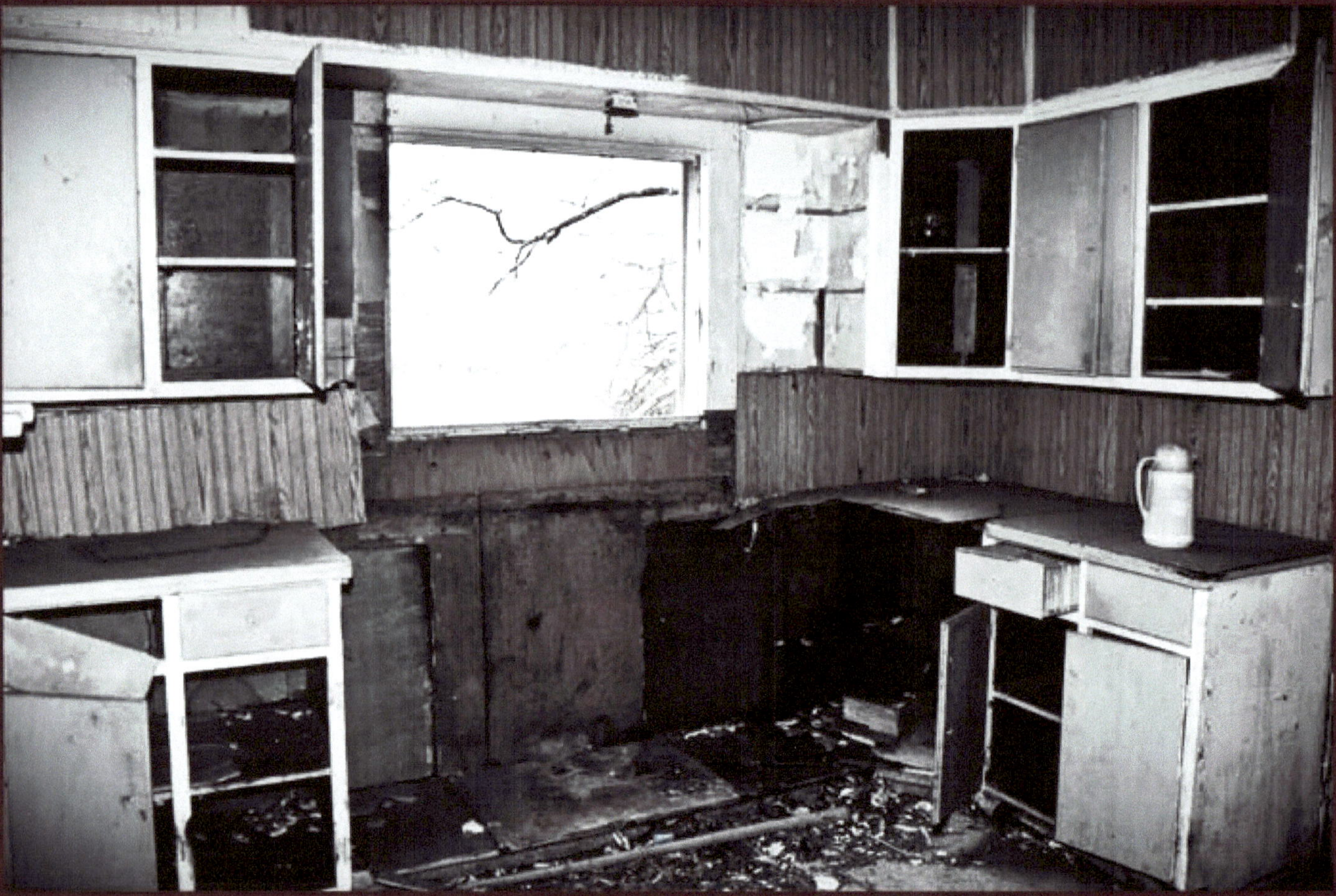

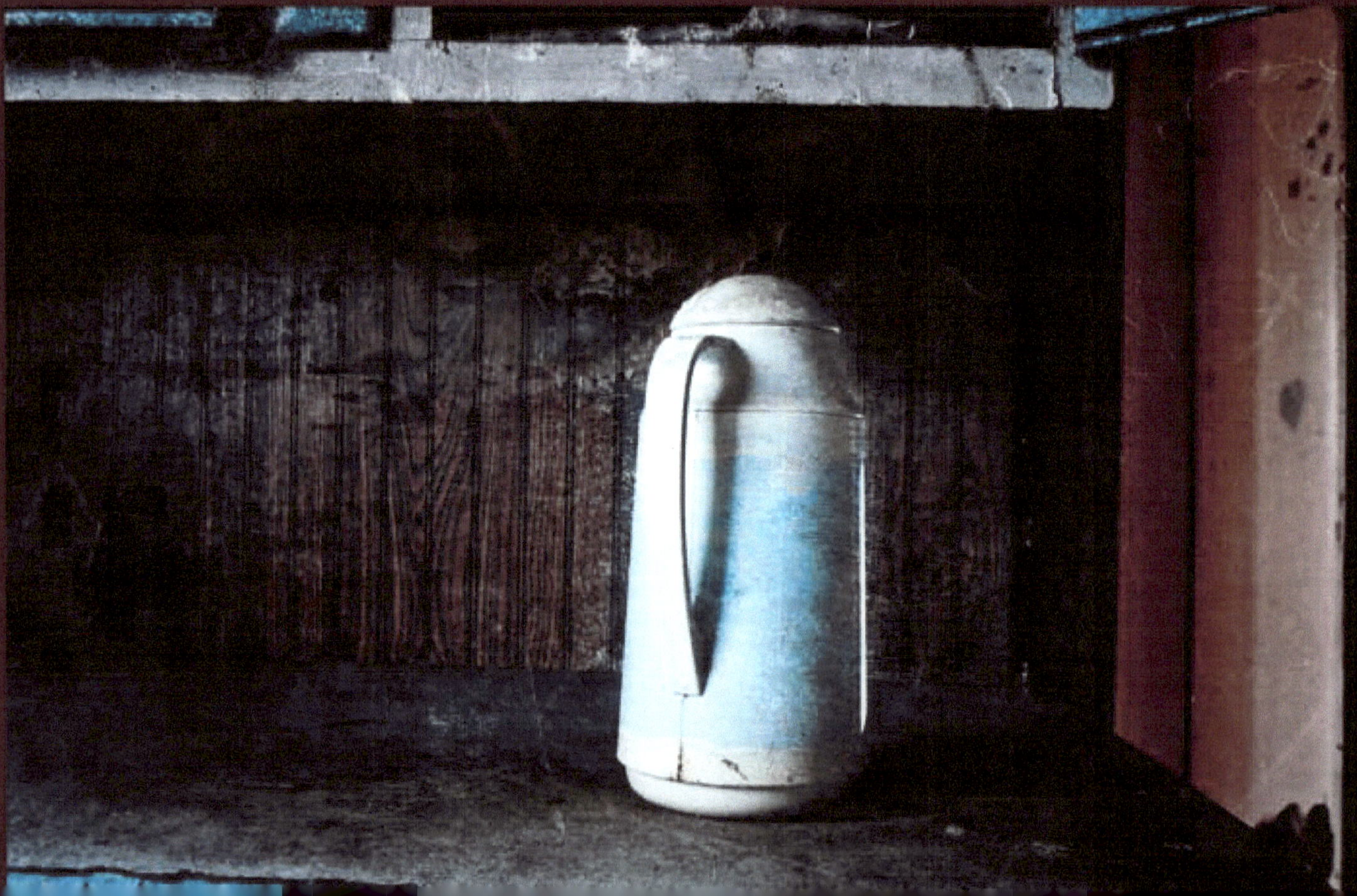

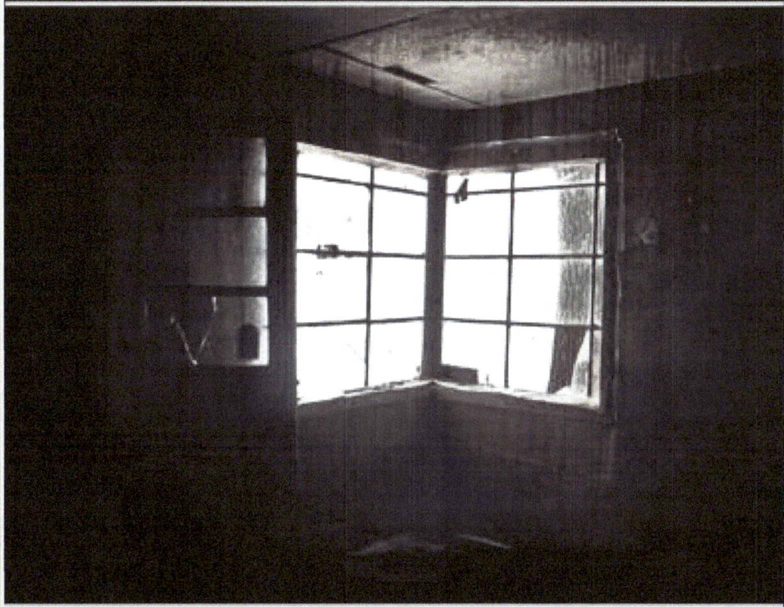

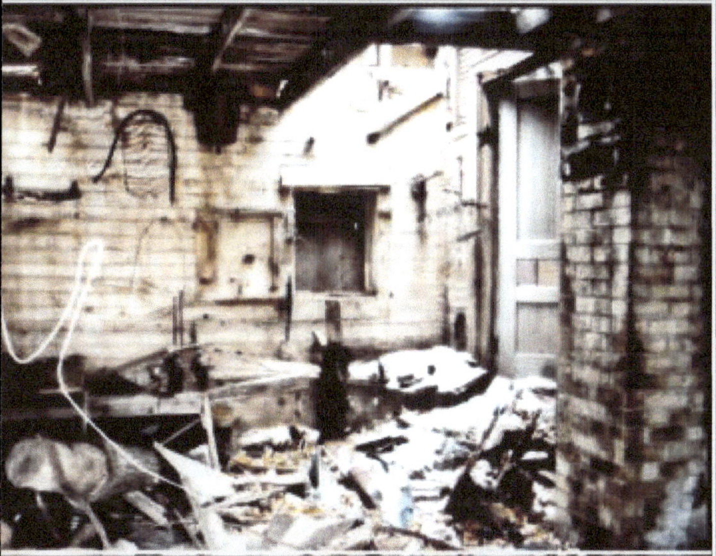

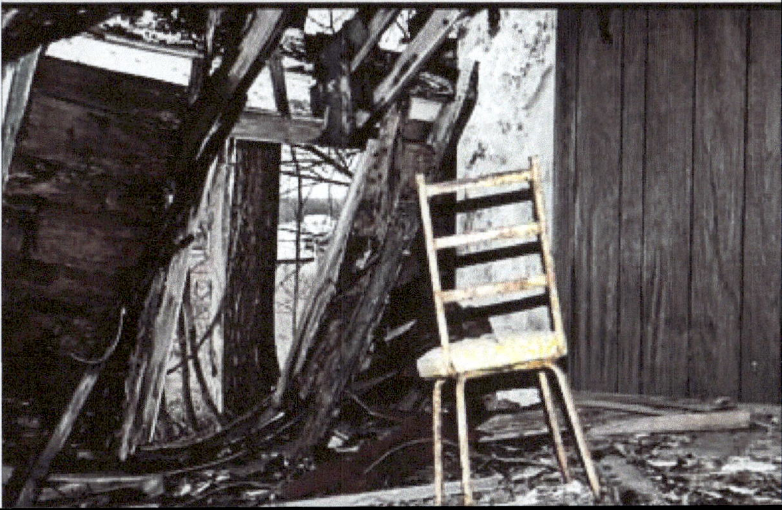

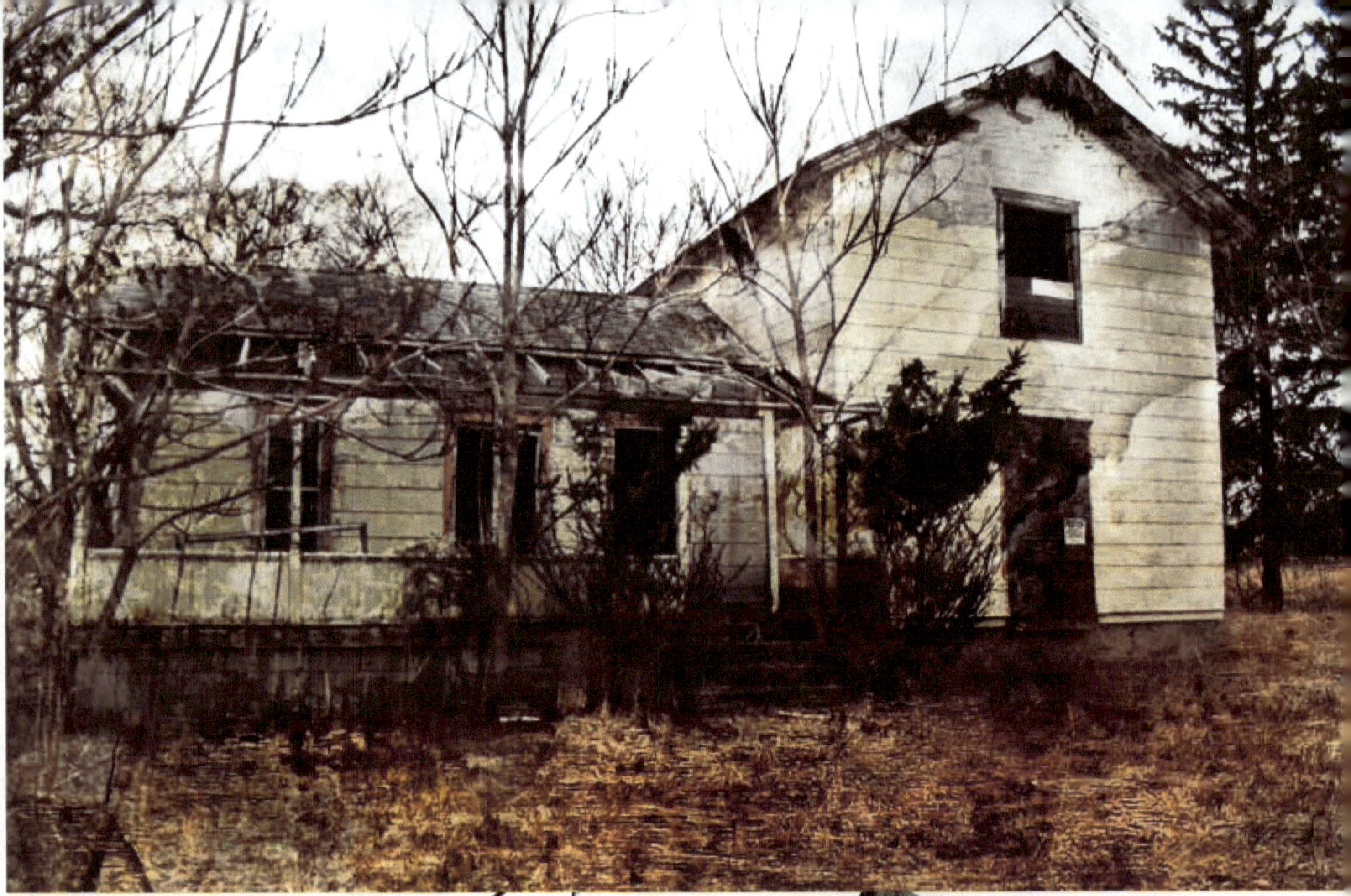
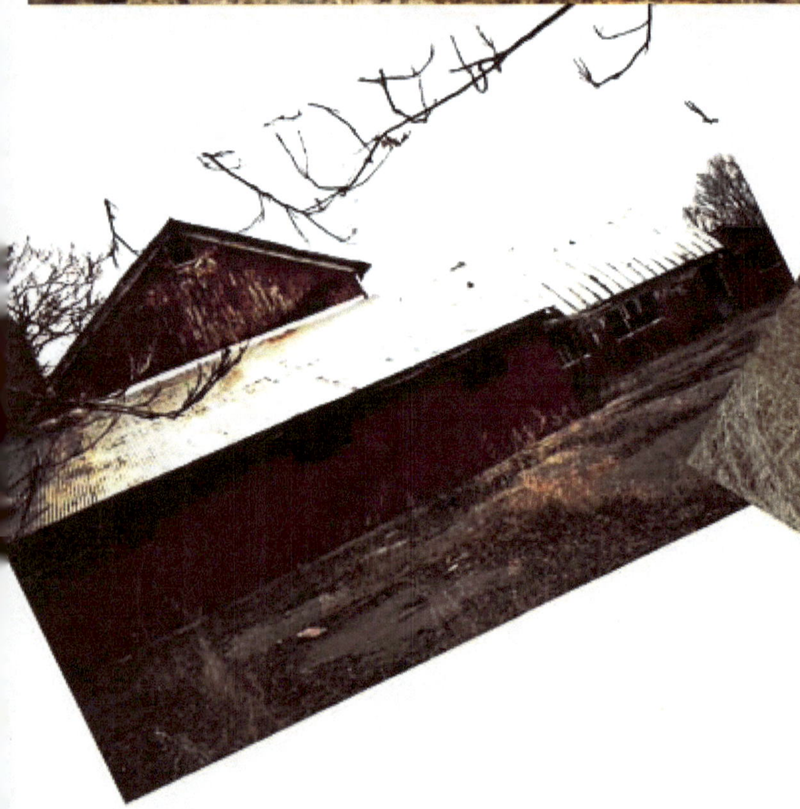
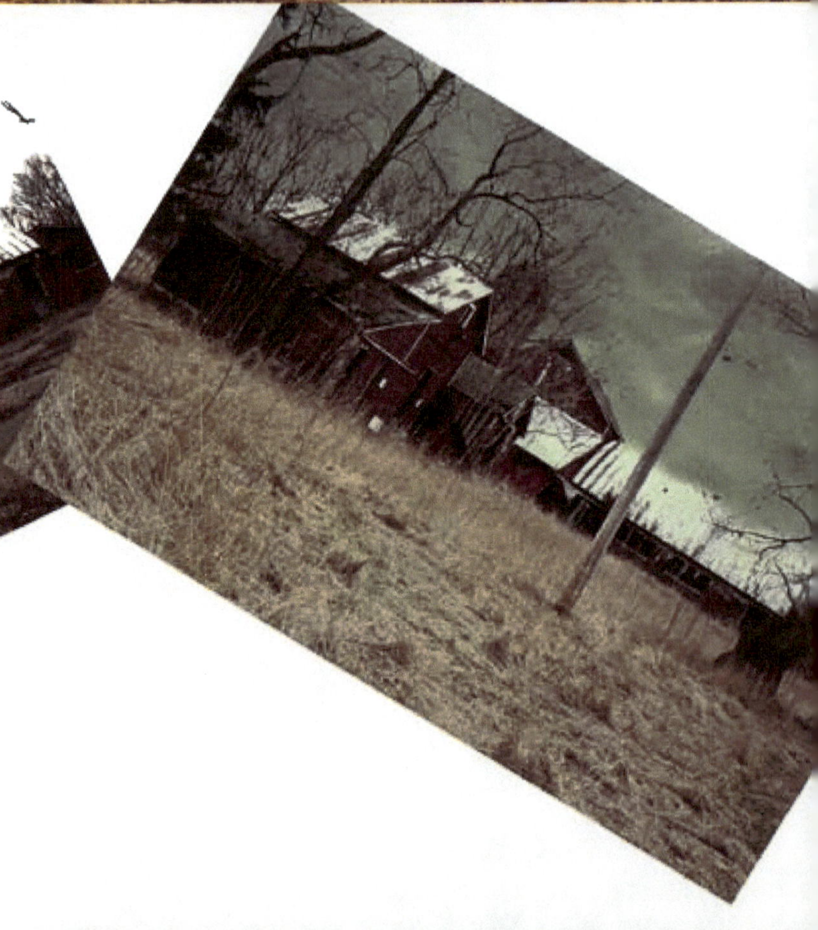

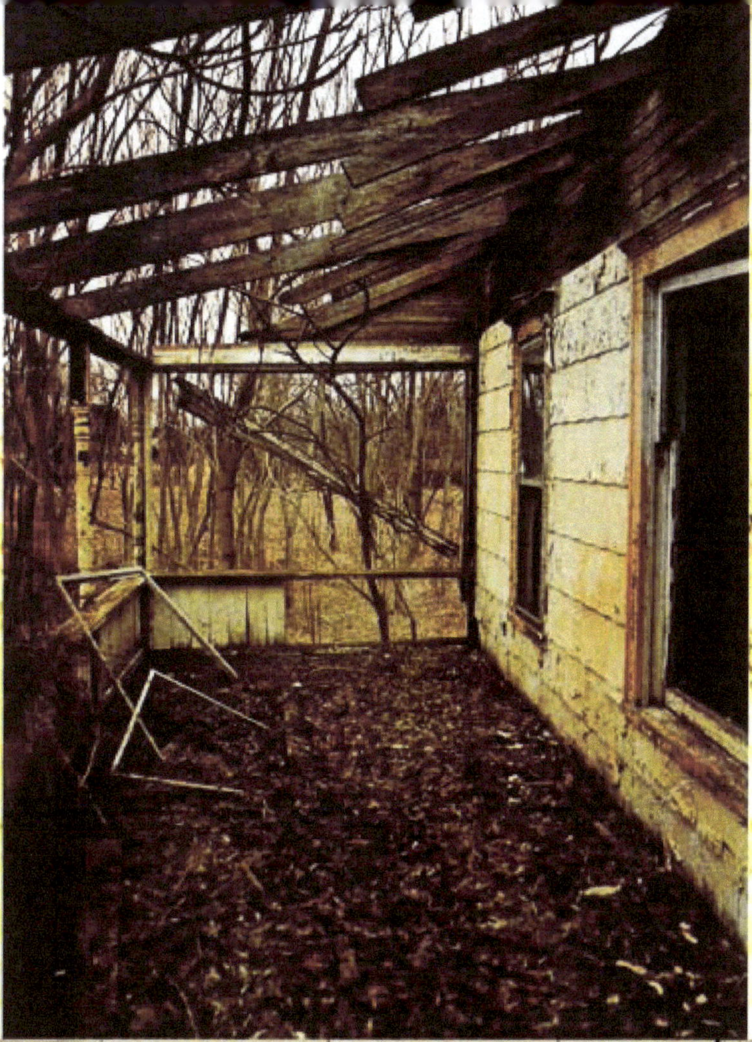

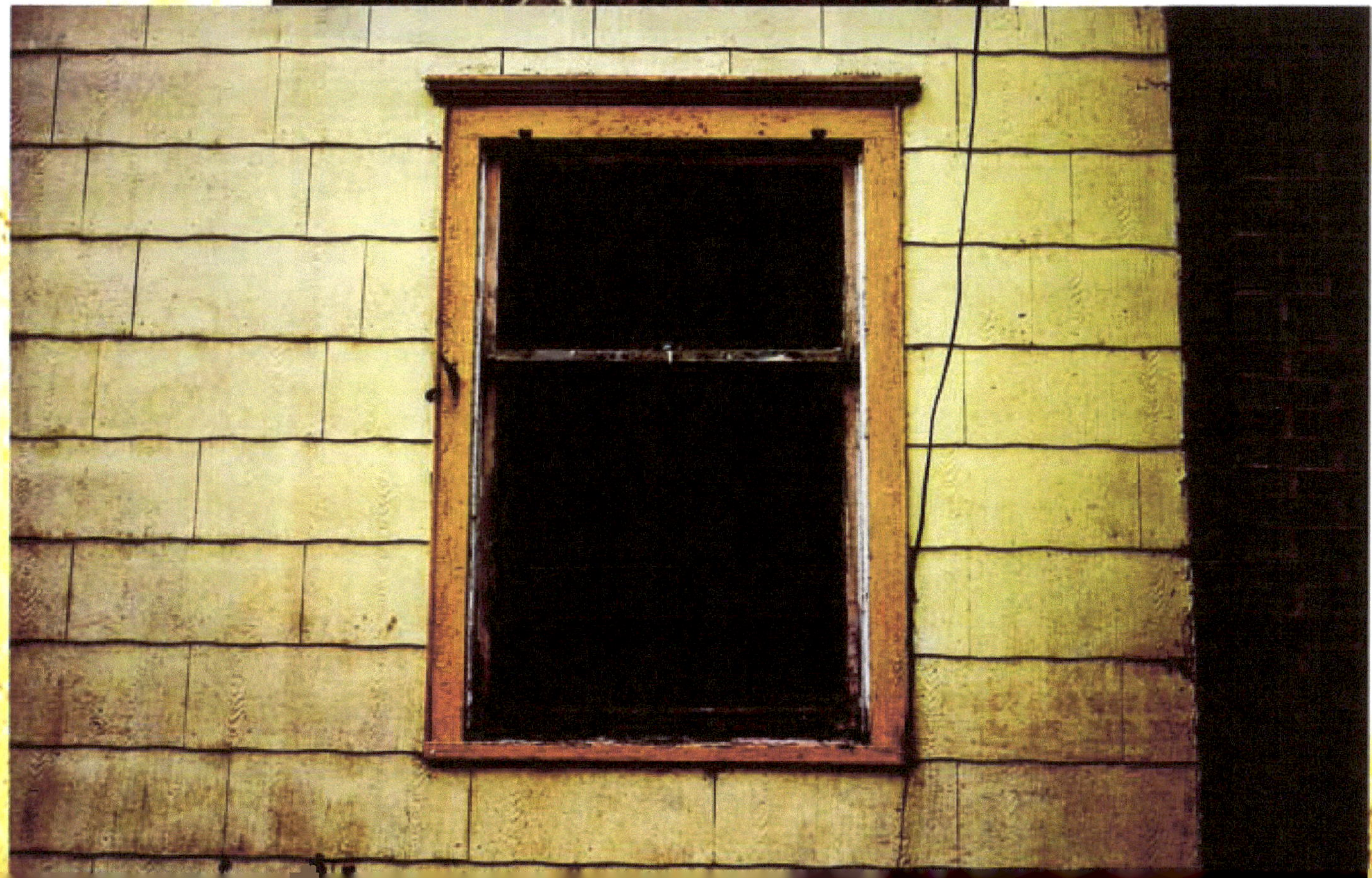

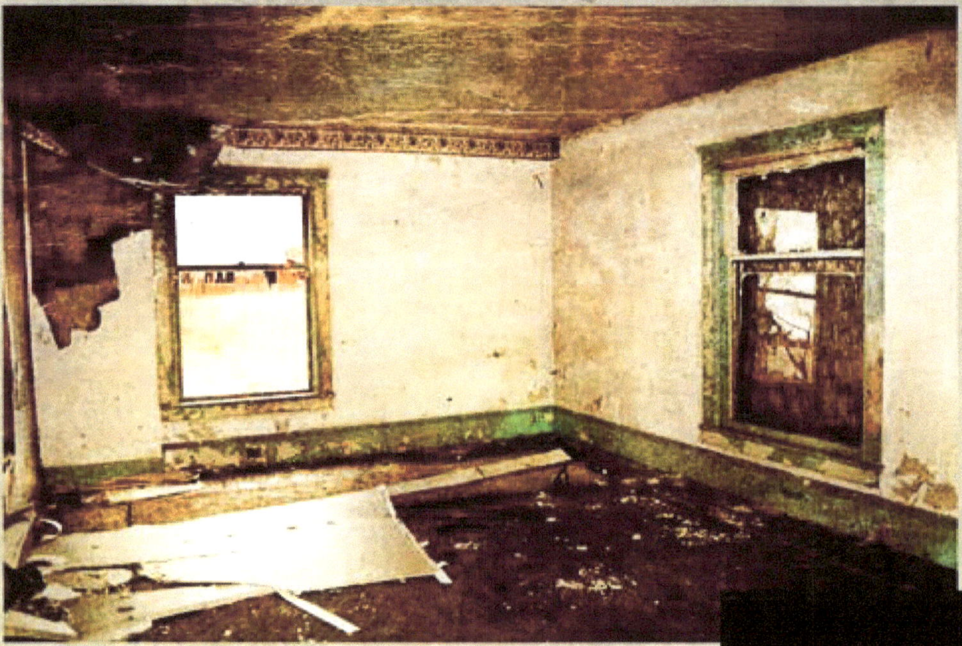

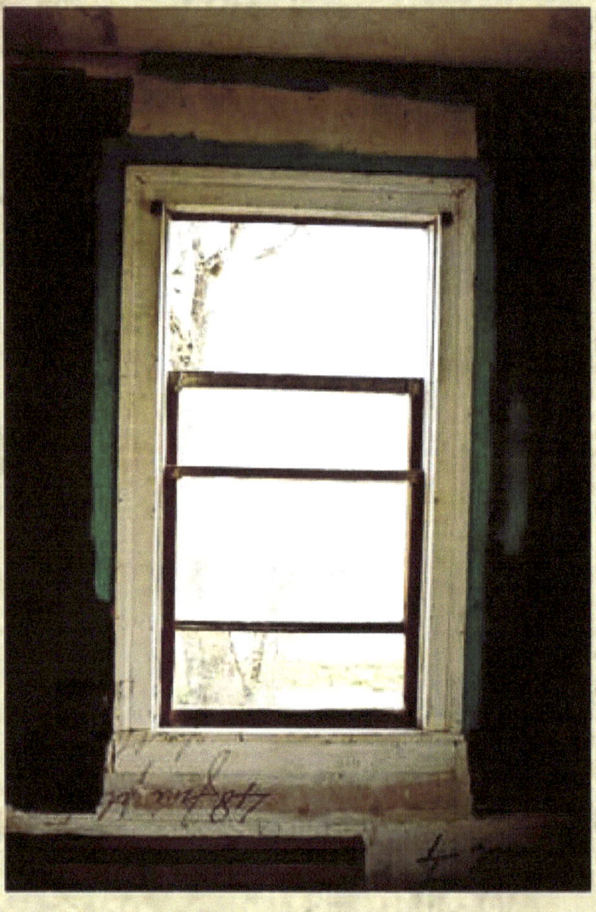

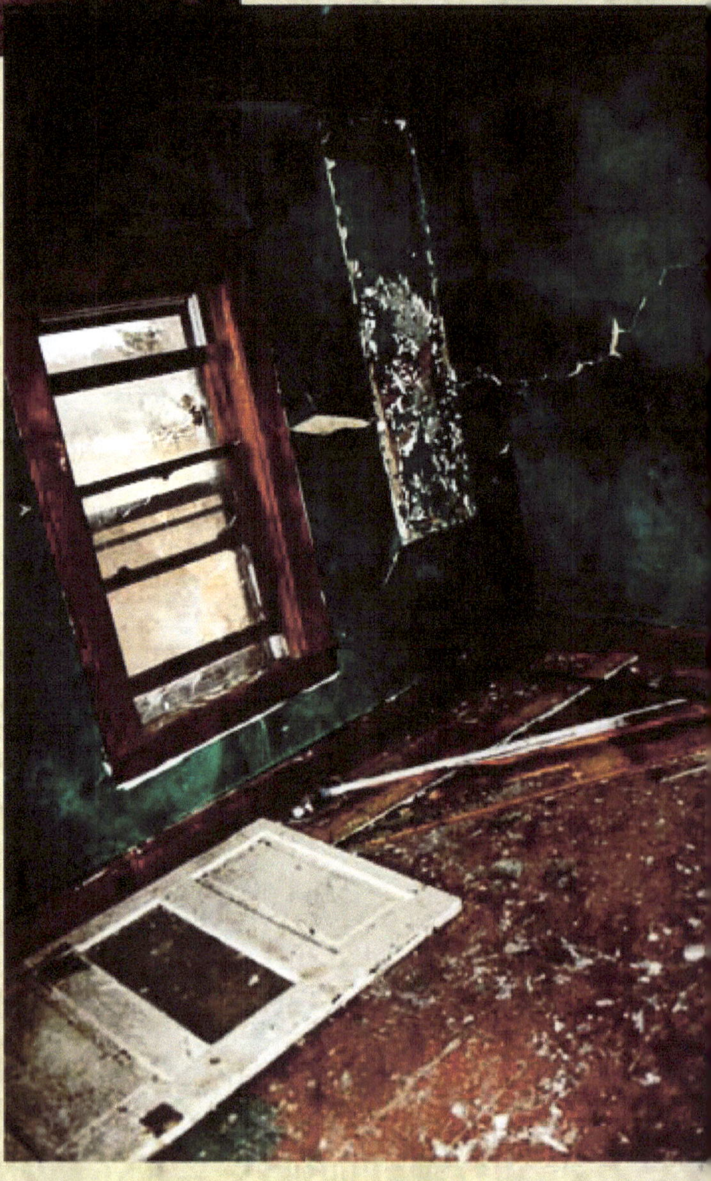

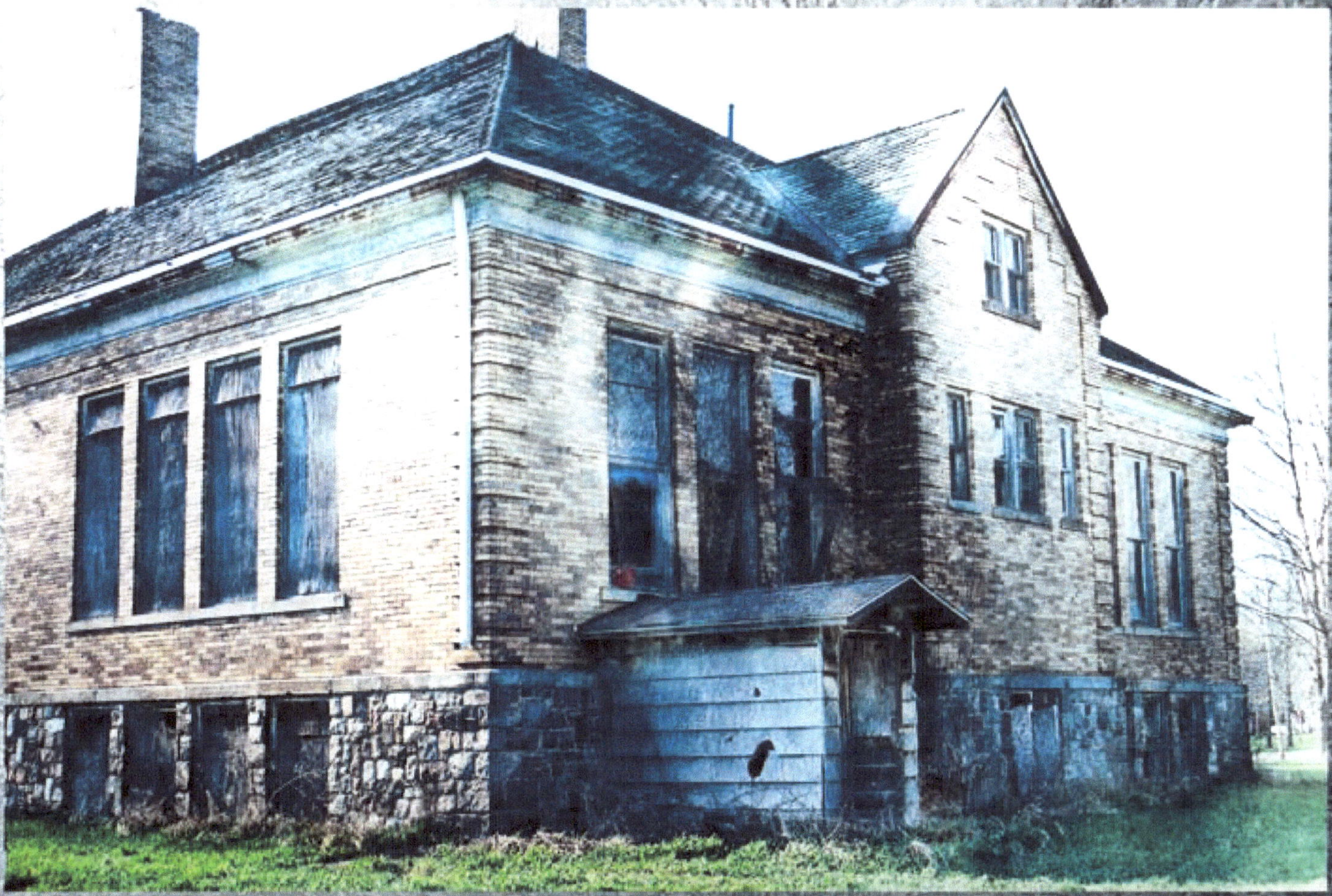

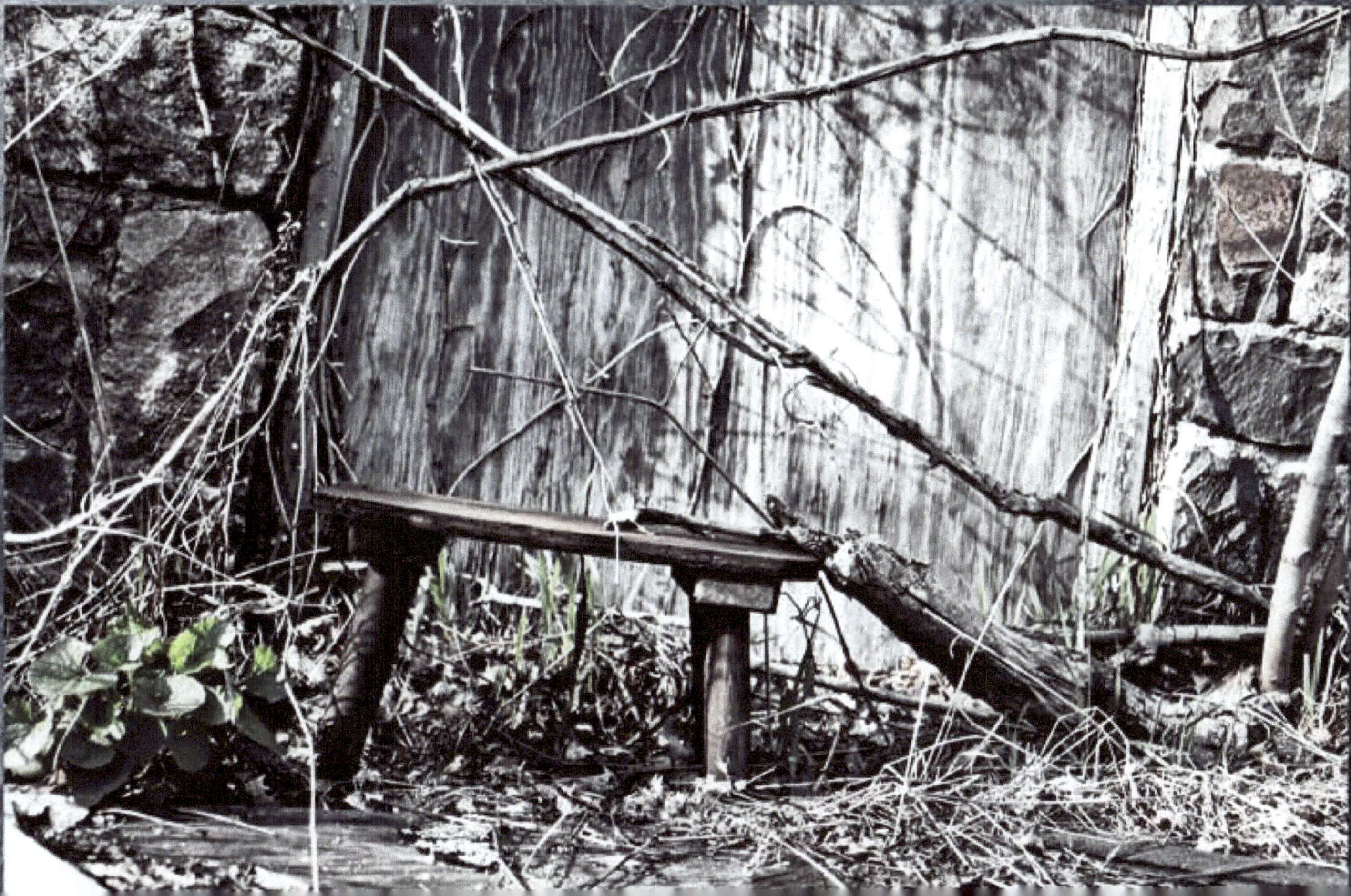

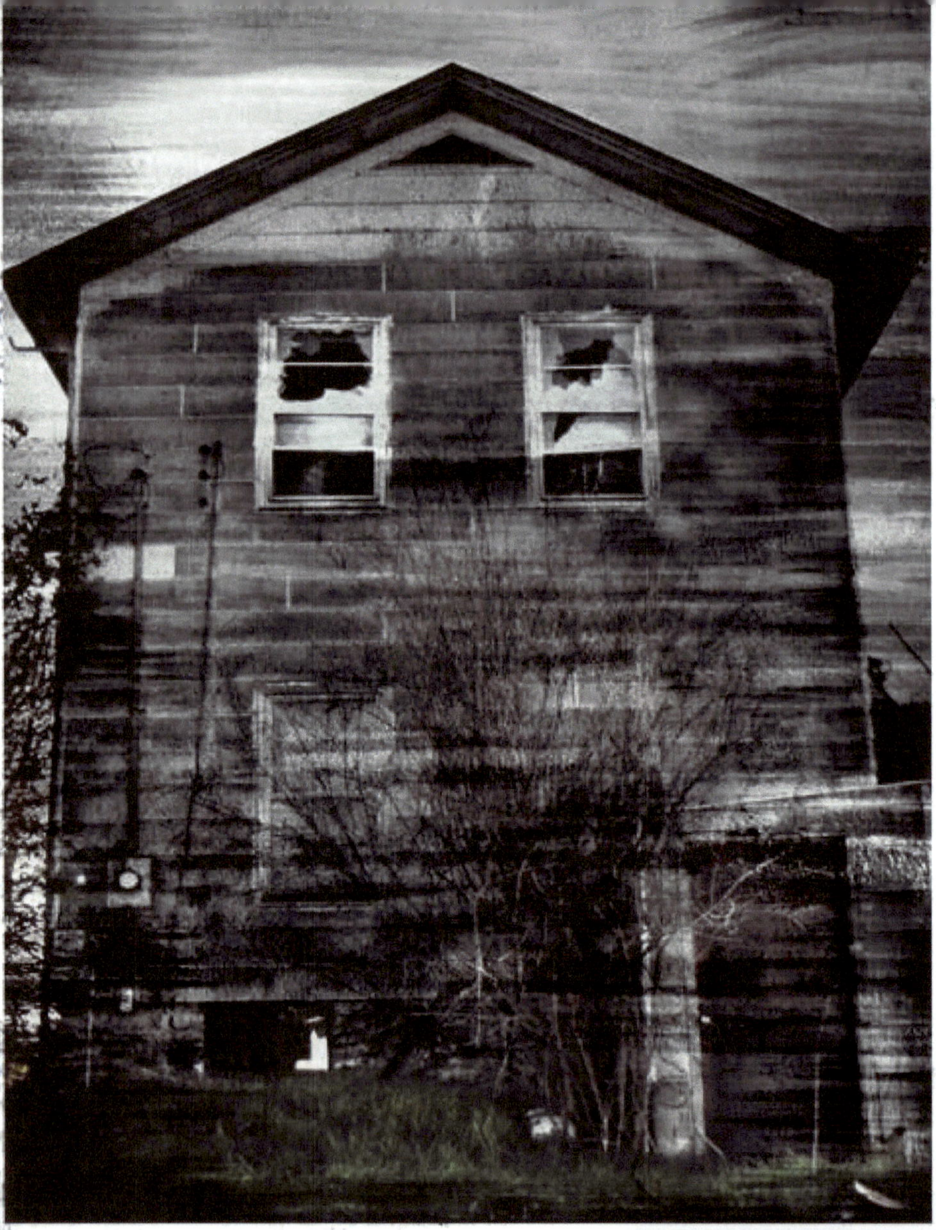

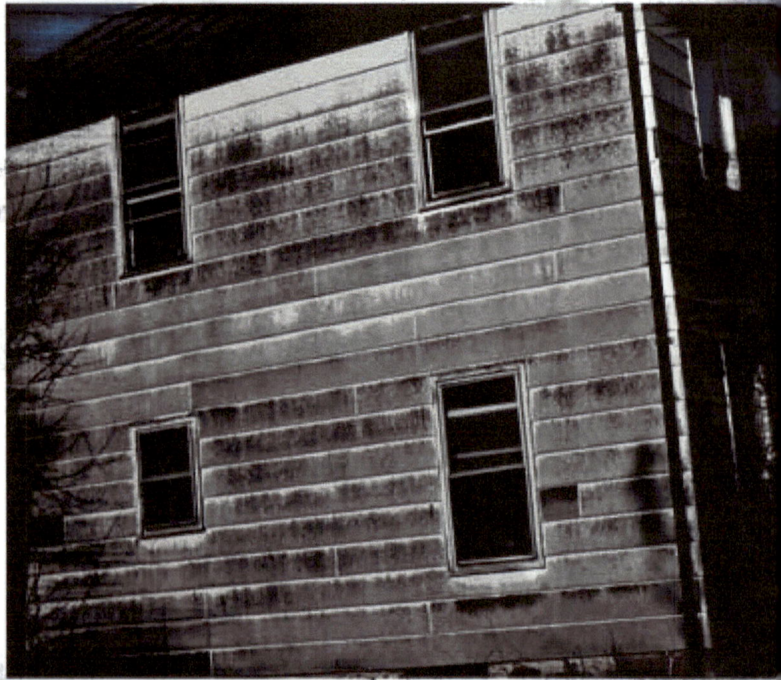

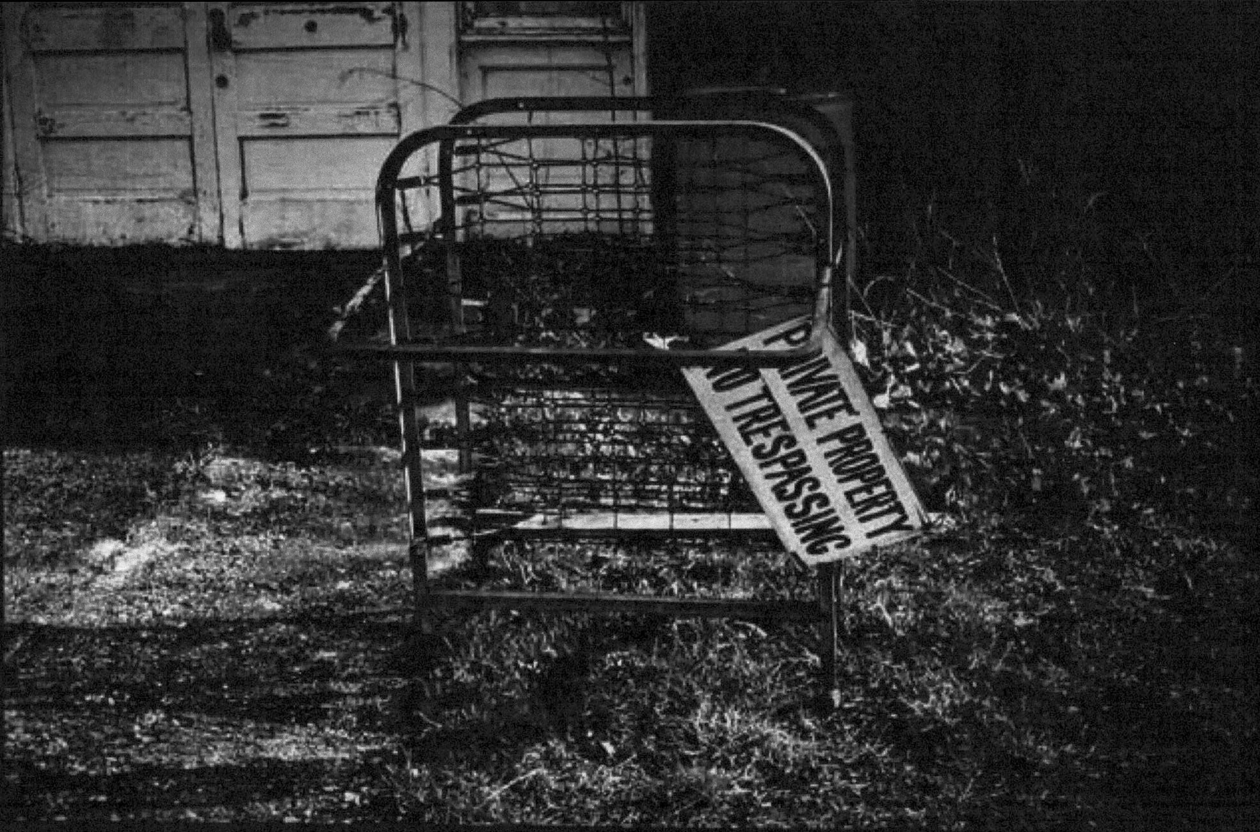
PROPERTY
TRESPASSING

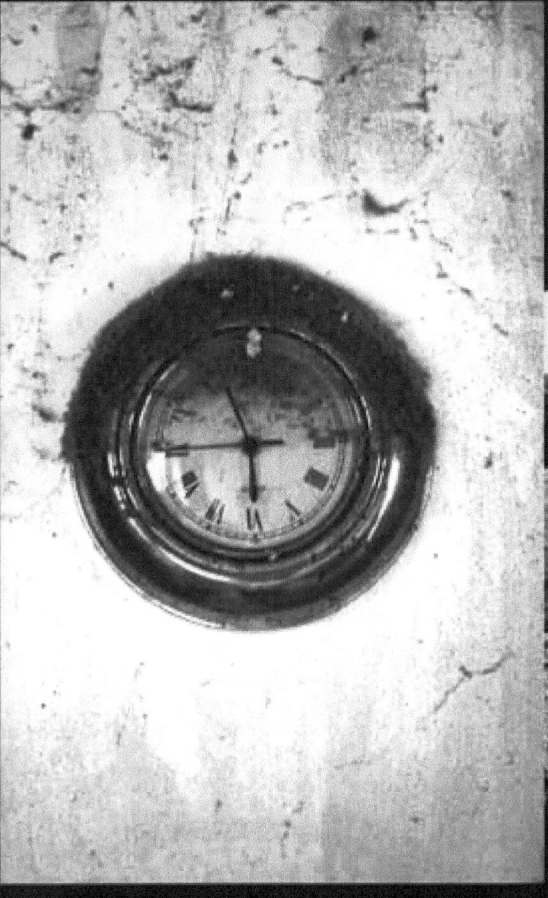

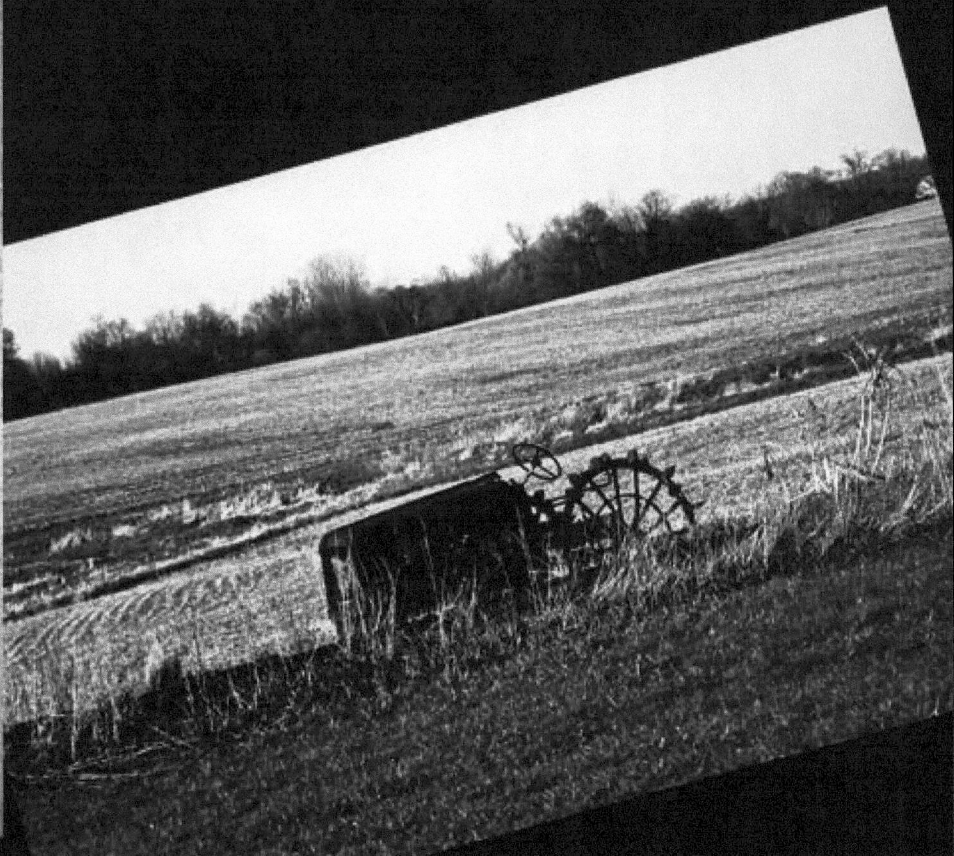

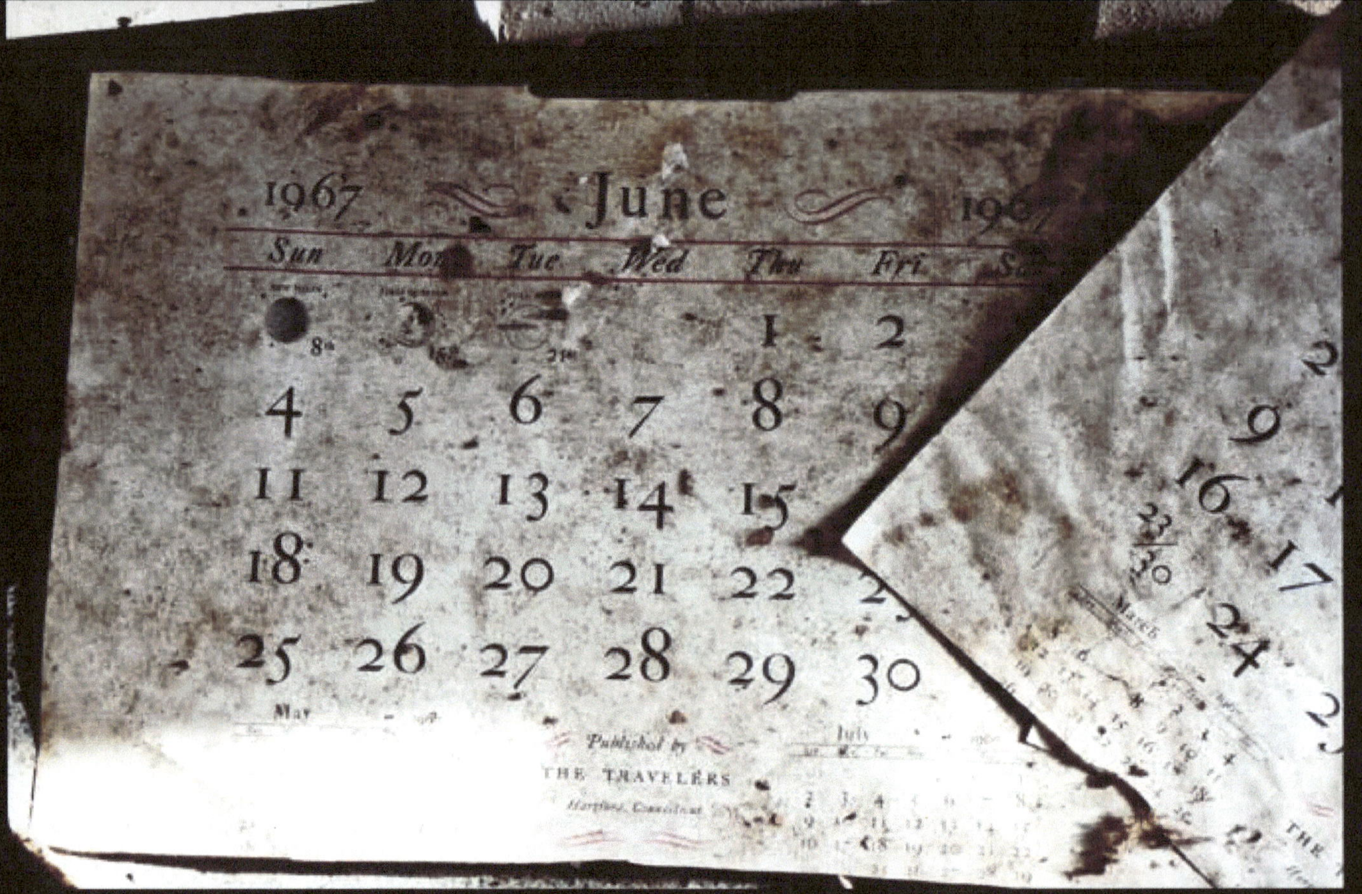
1967 June
Sun Mon Tue Wed Thu Fri
1 2
4 5 6 7 8 9
11 12 13 14 15
18 19 20 21 22
25 26 27 28 29 30
Published by
THE TRAVELERS

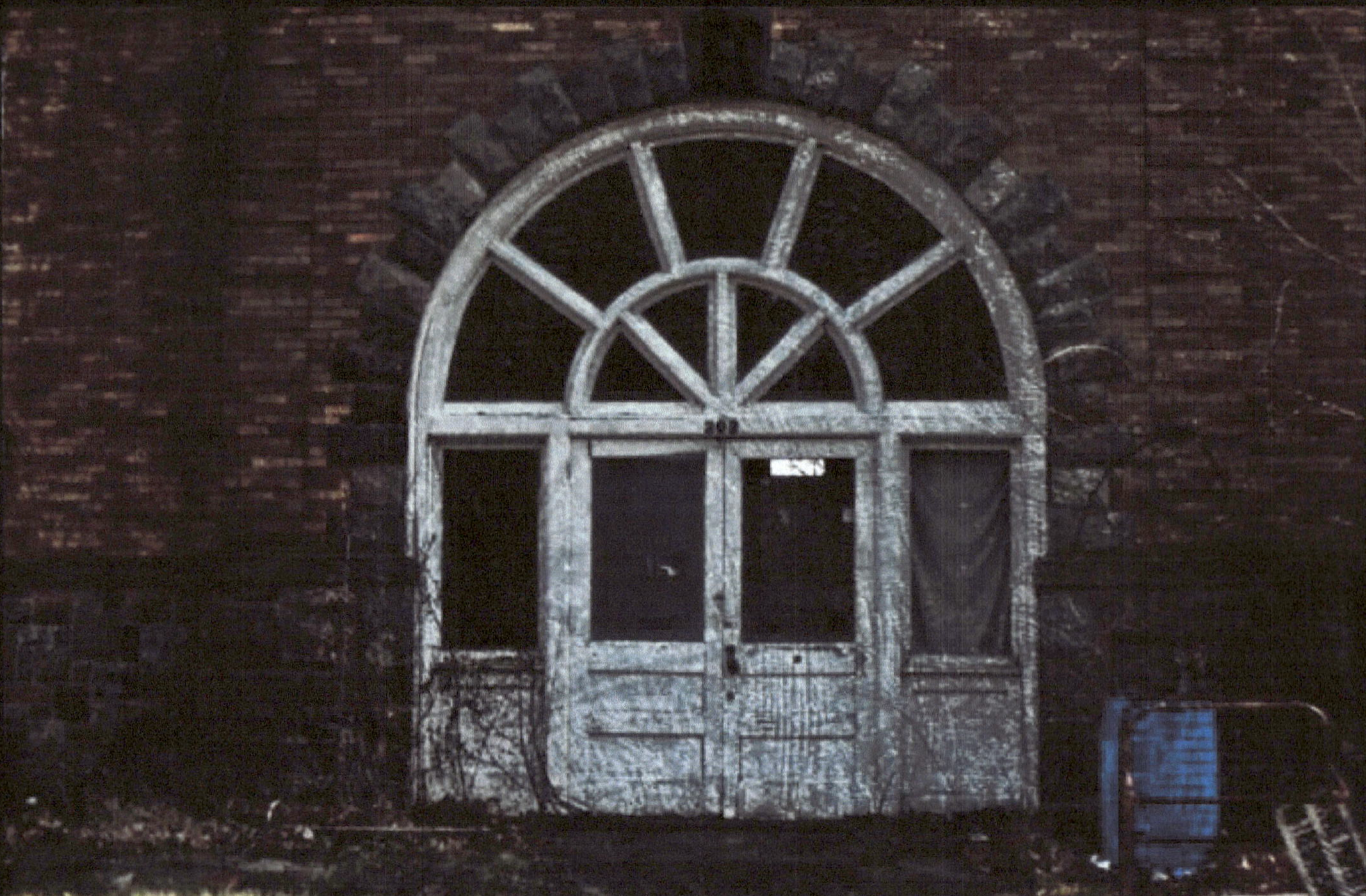

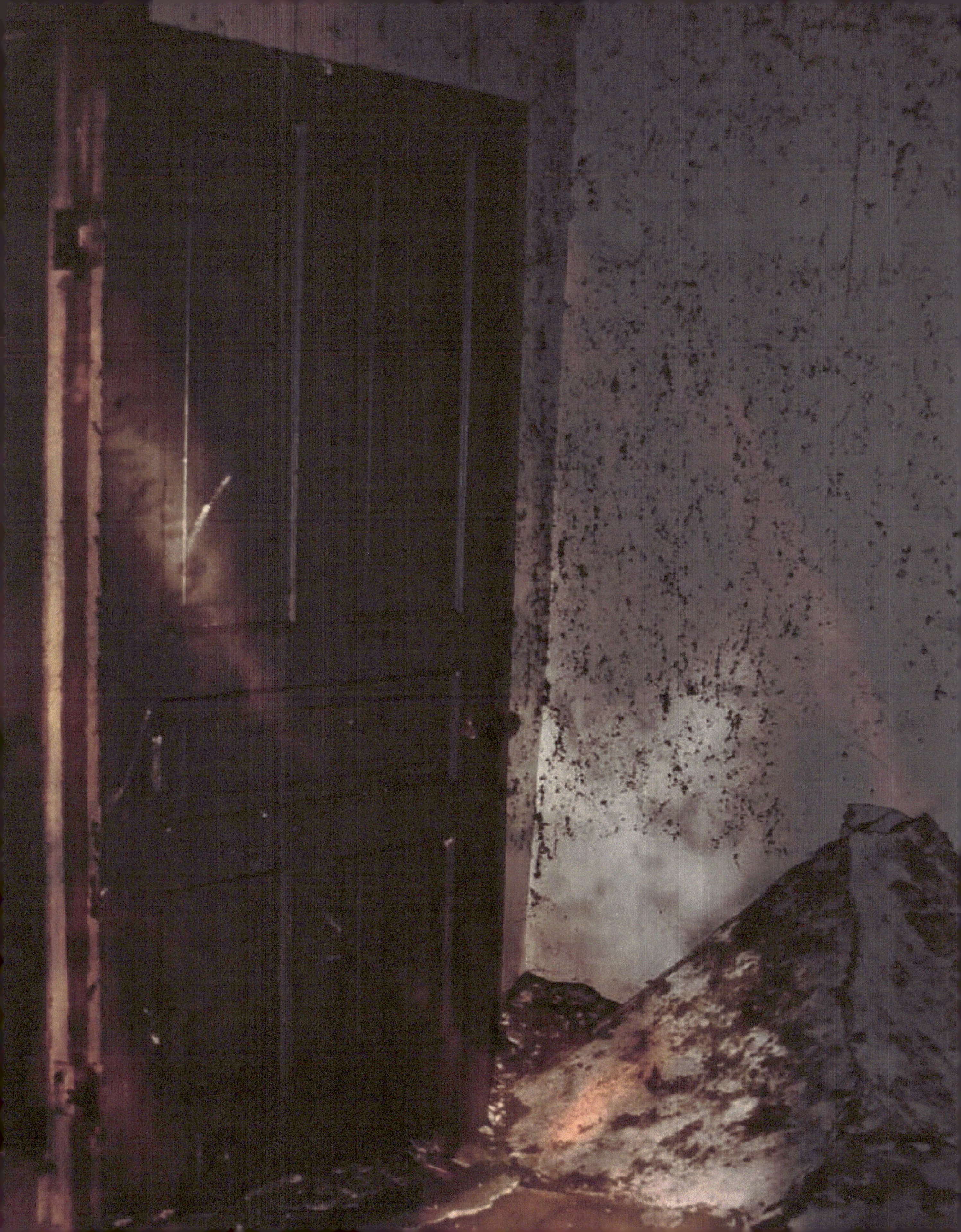

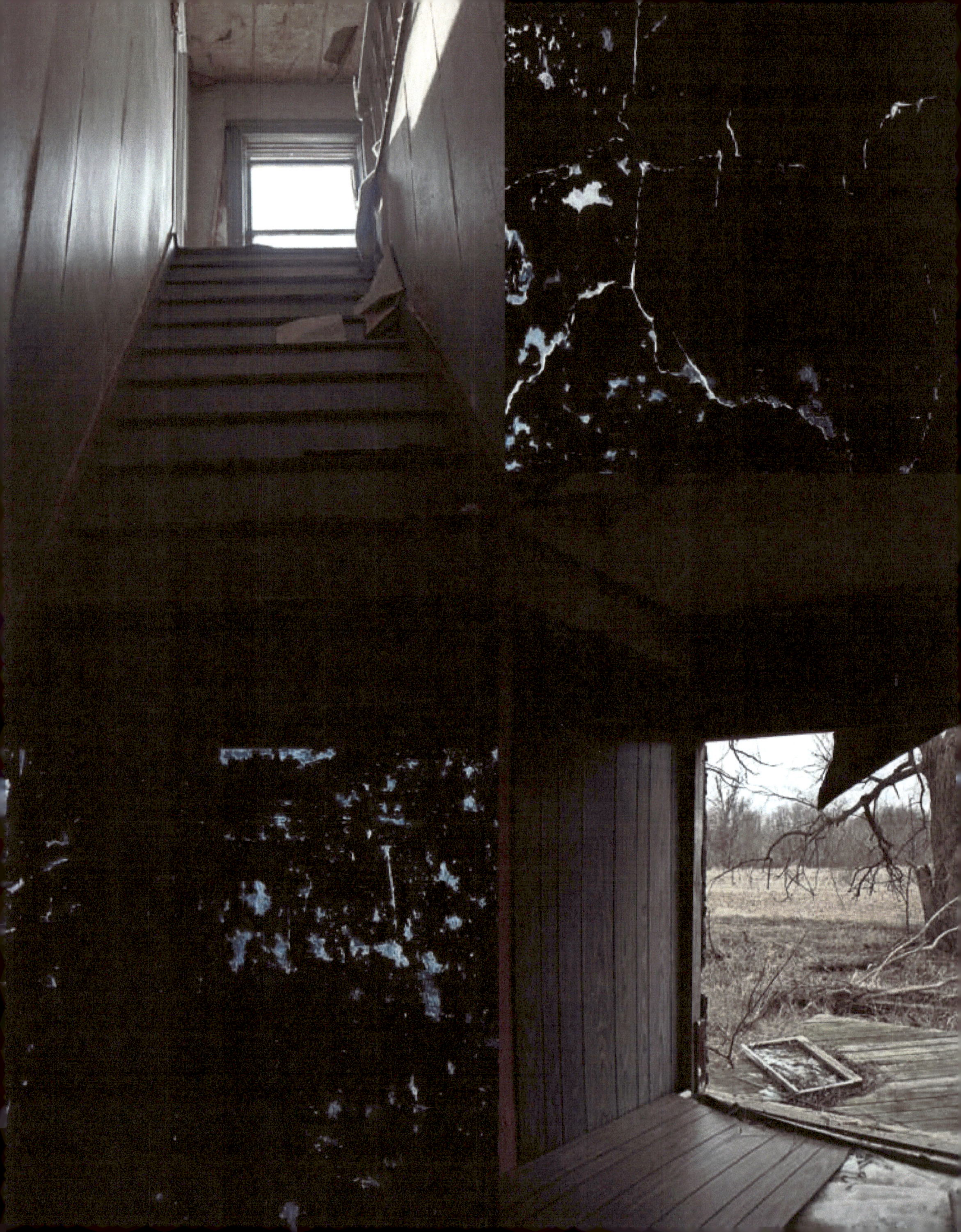

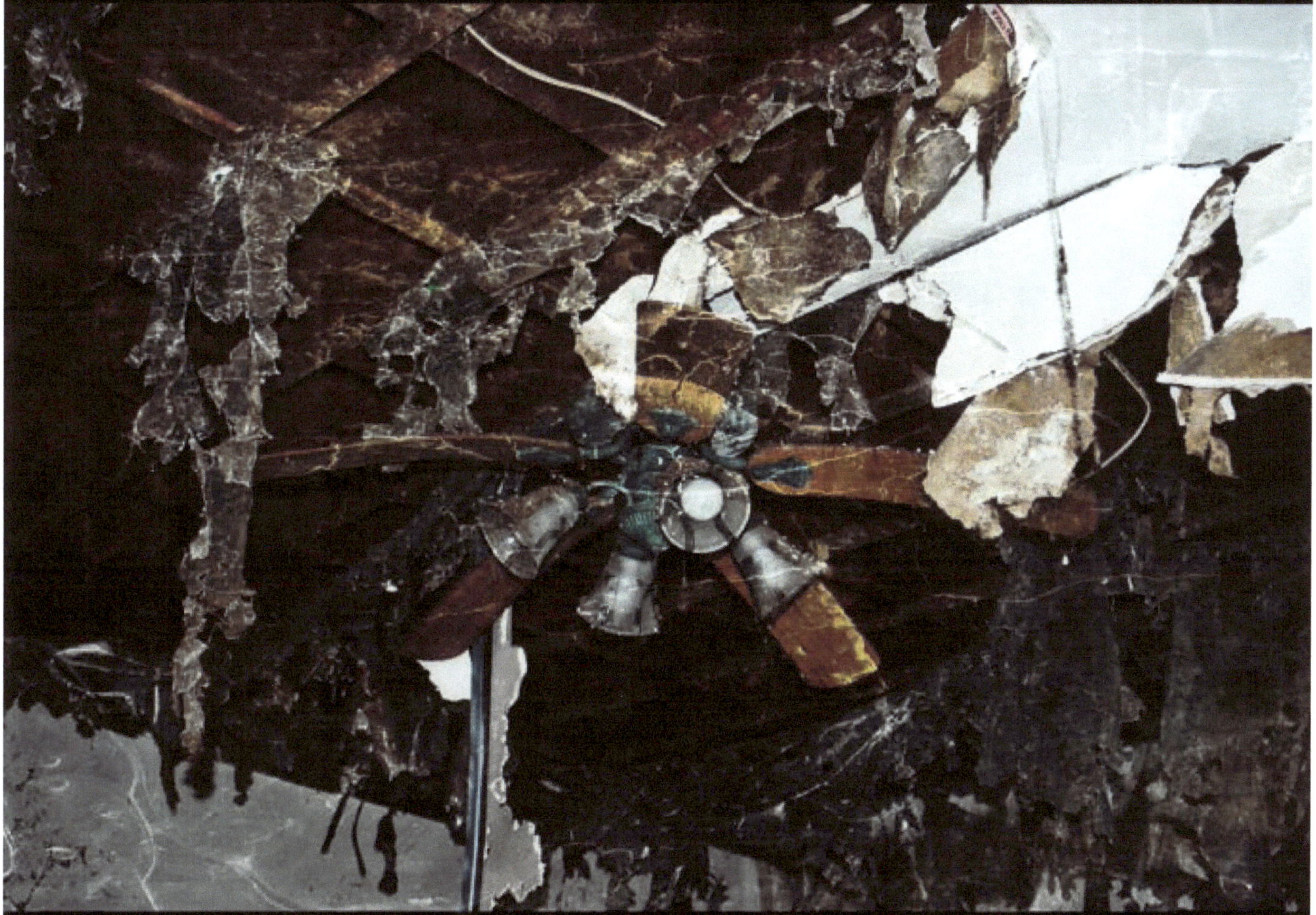

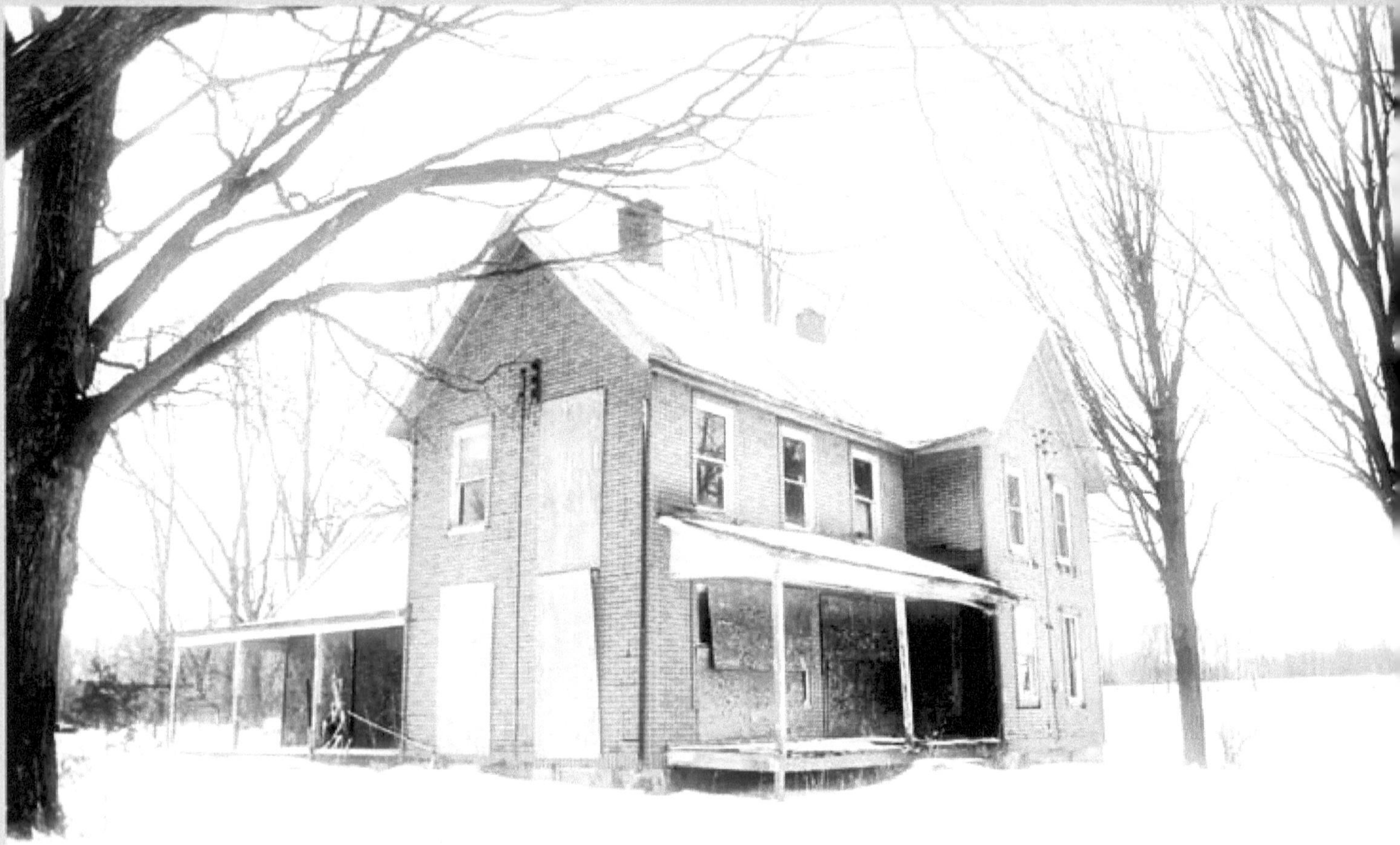

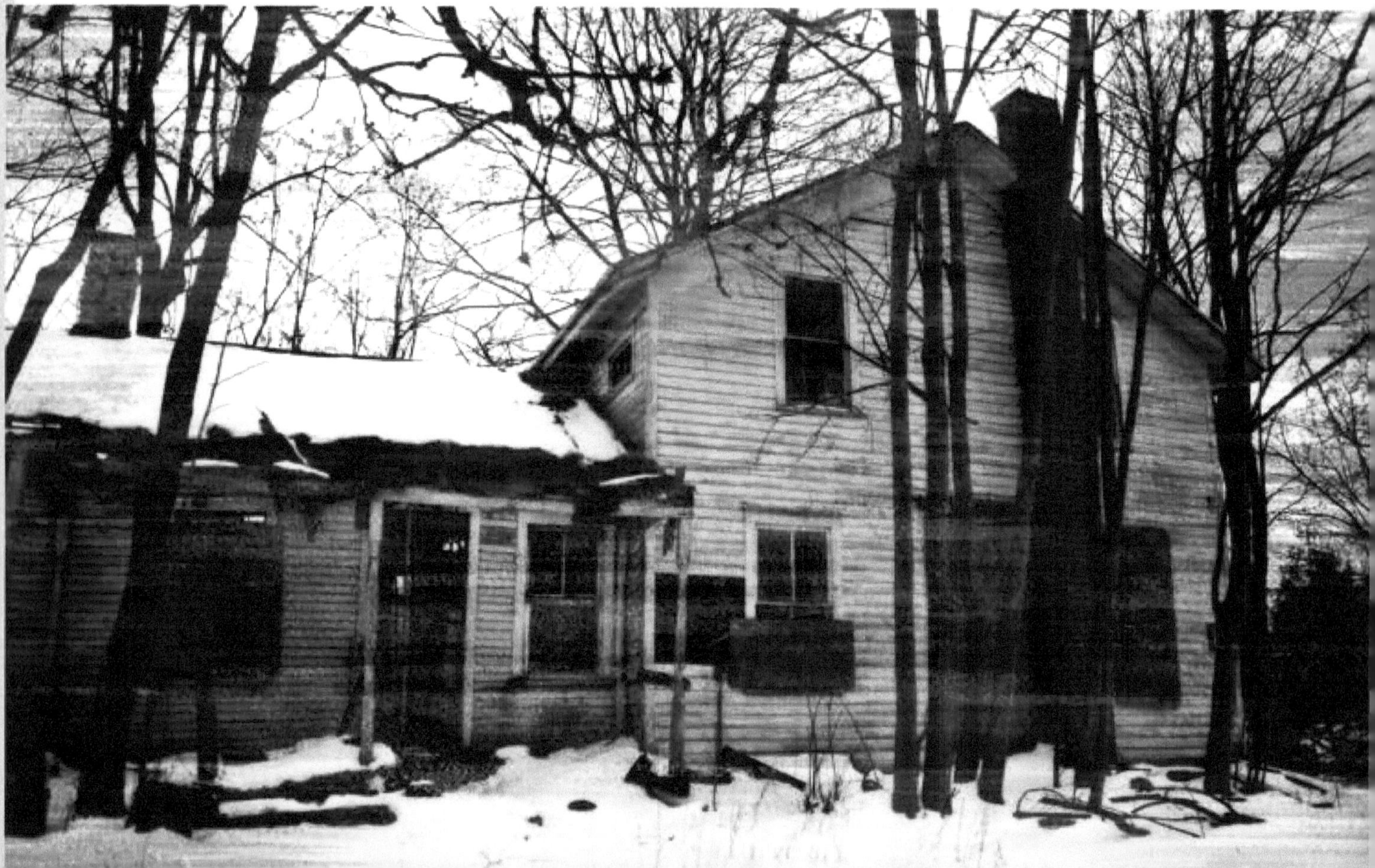

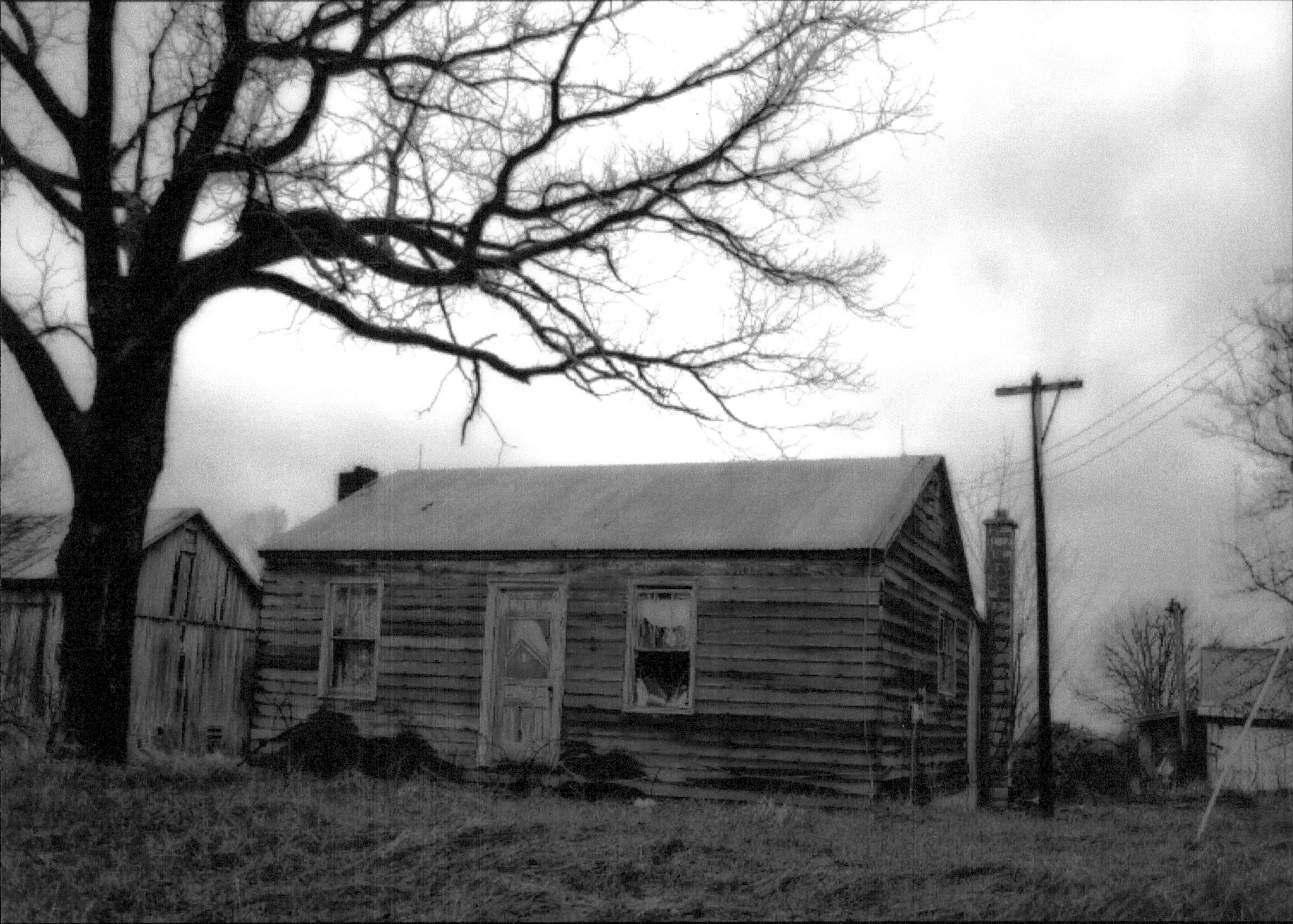

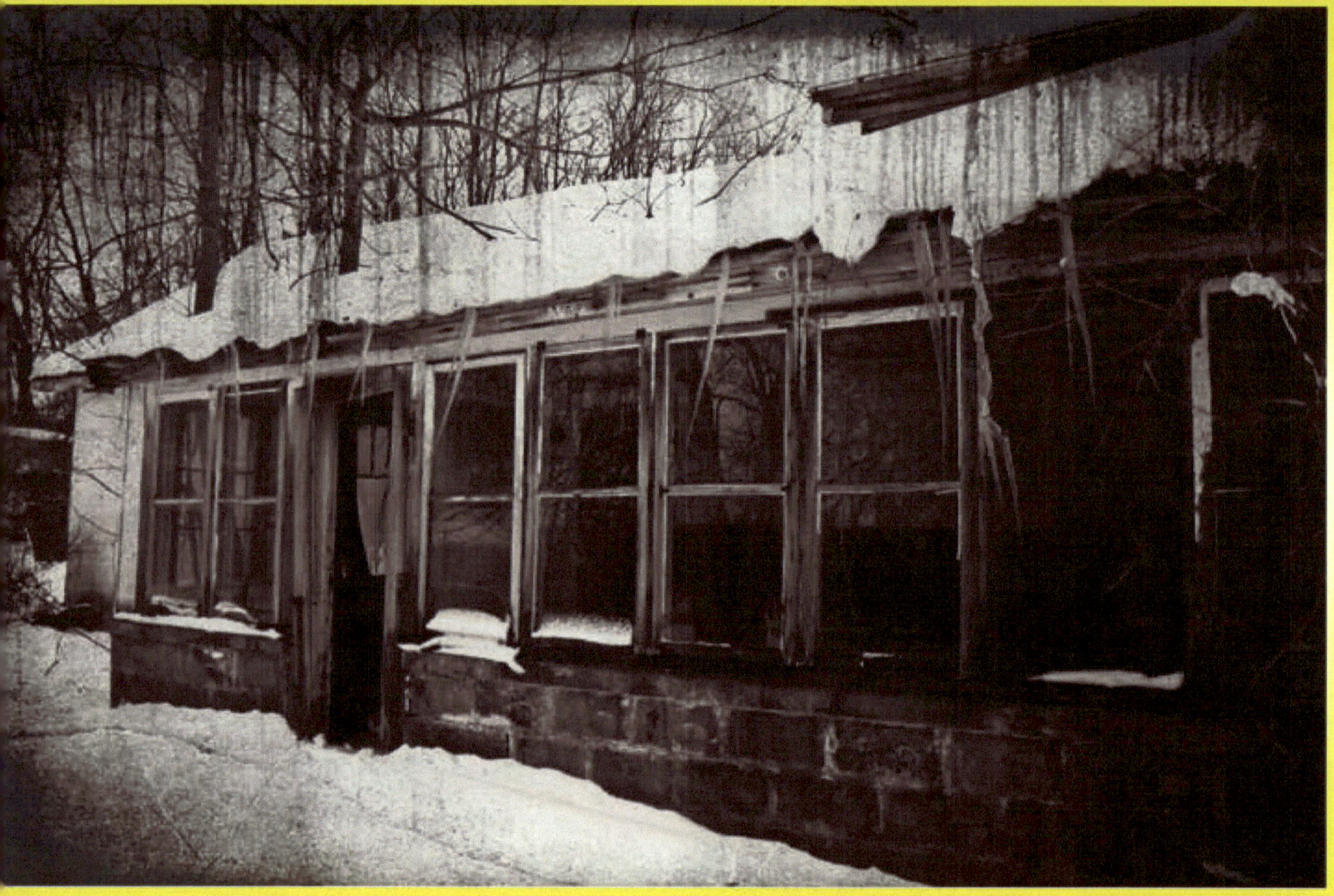

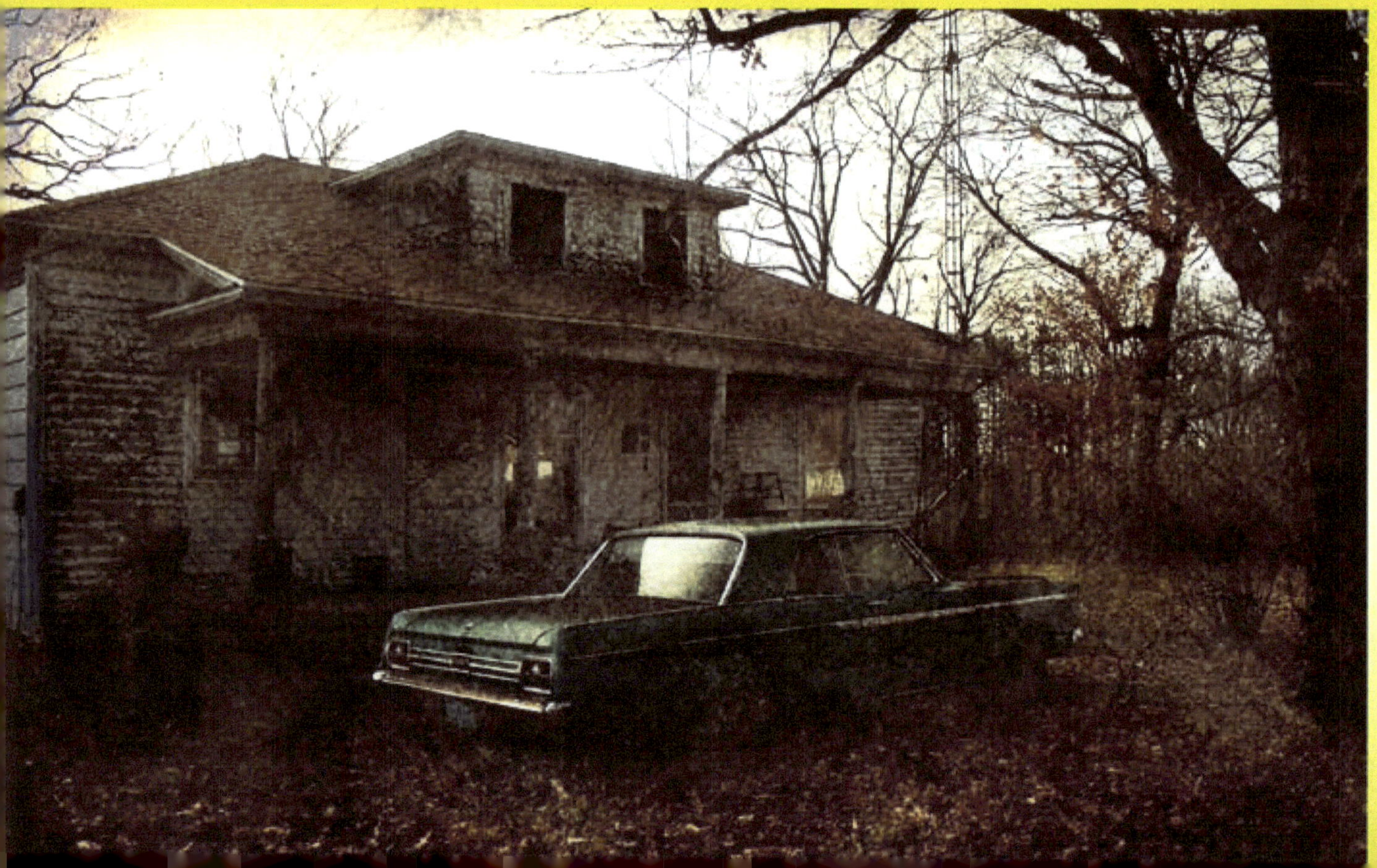

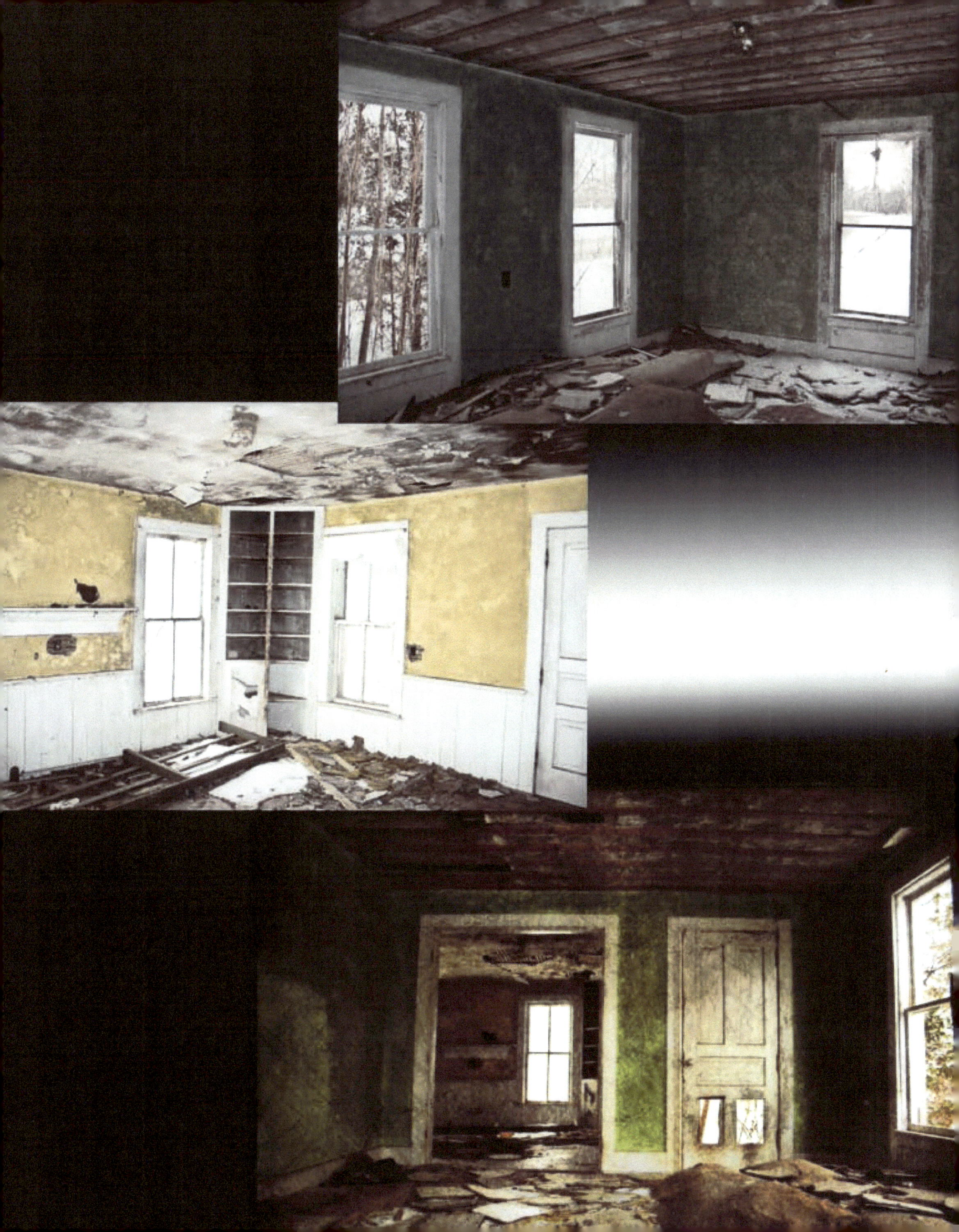

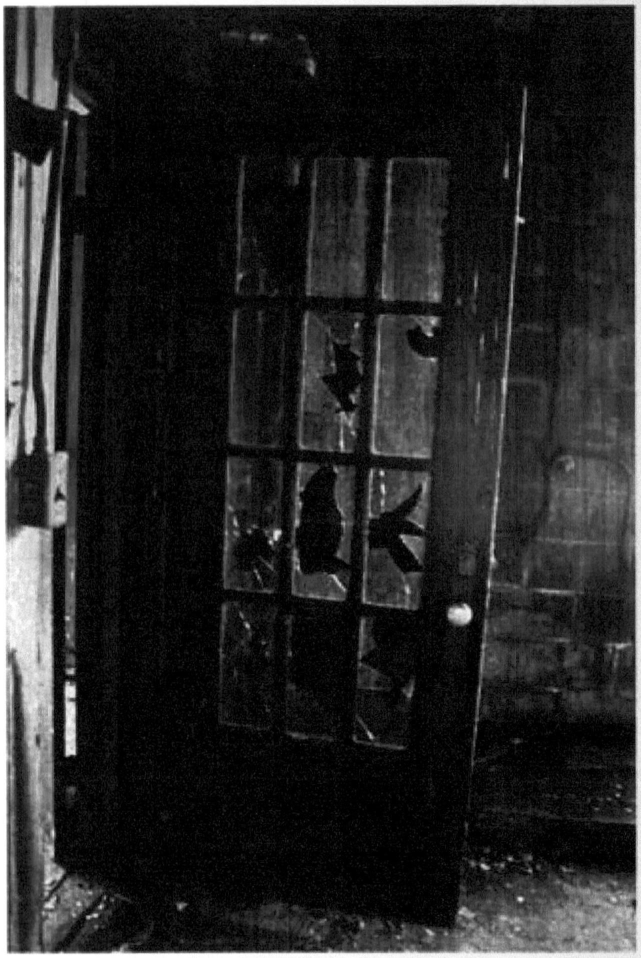

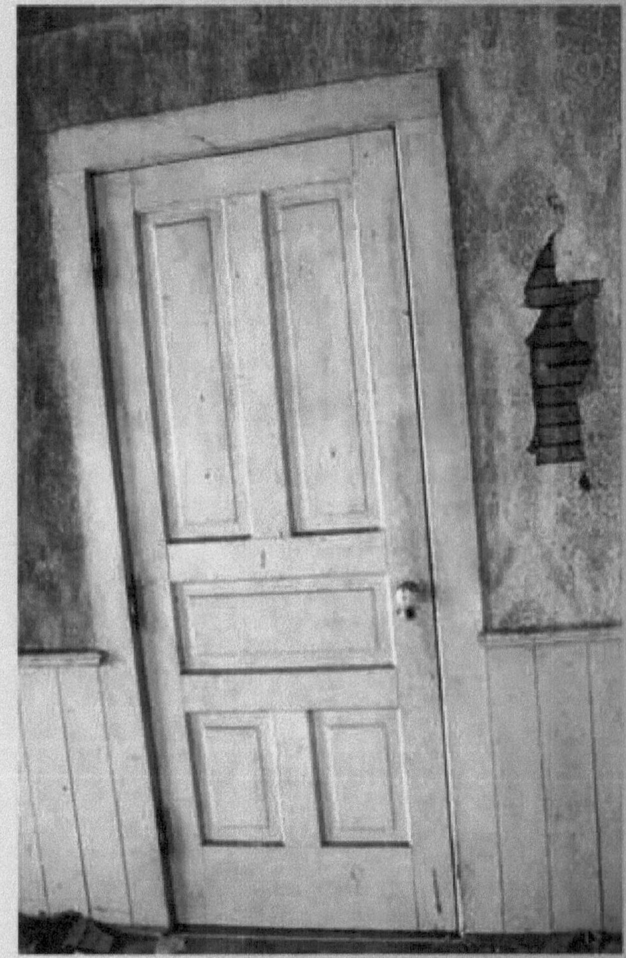

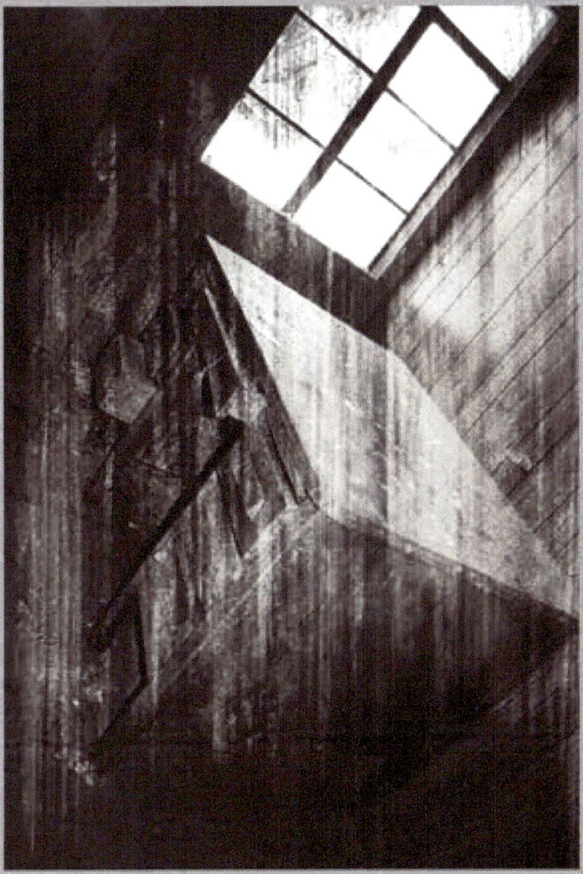
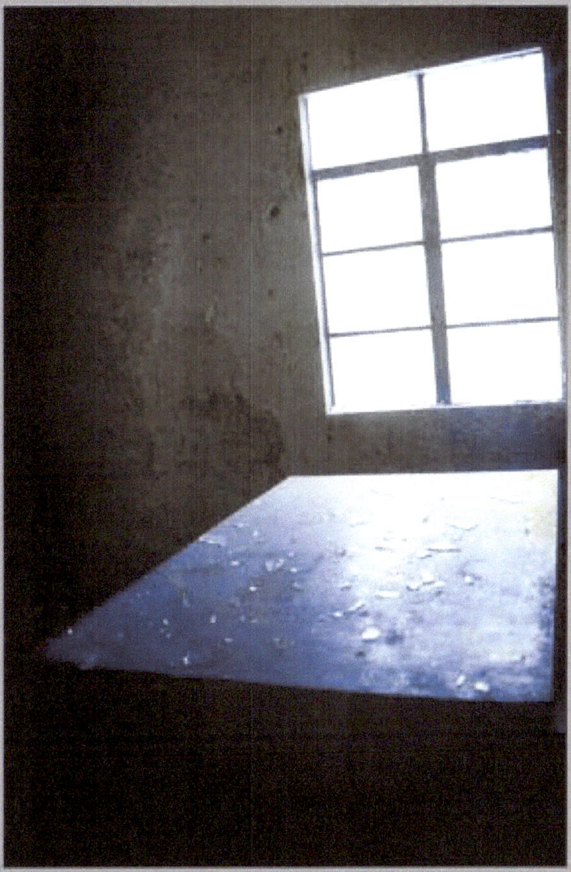
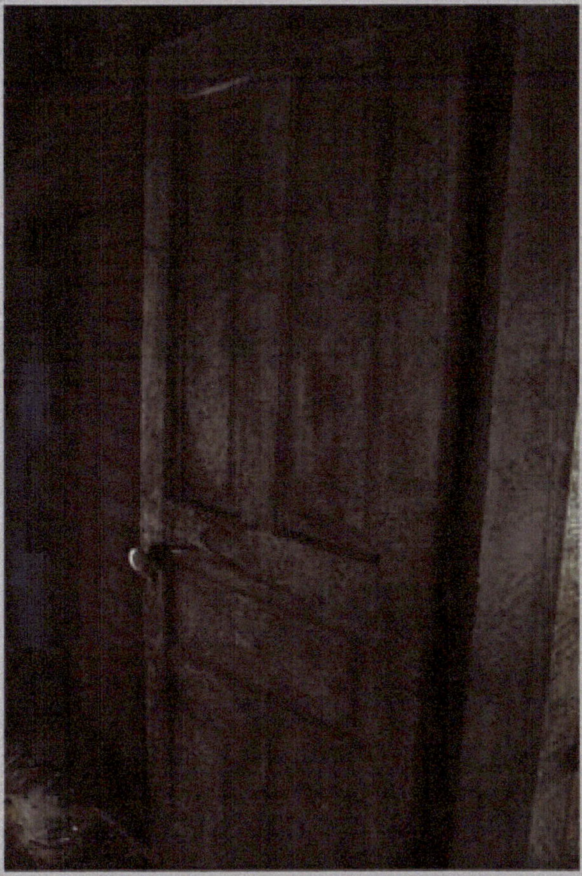

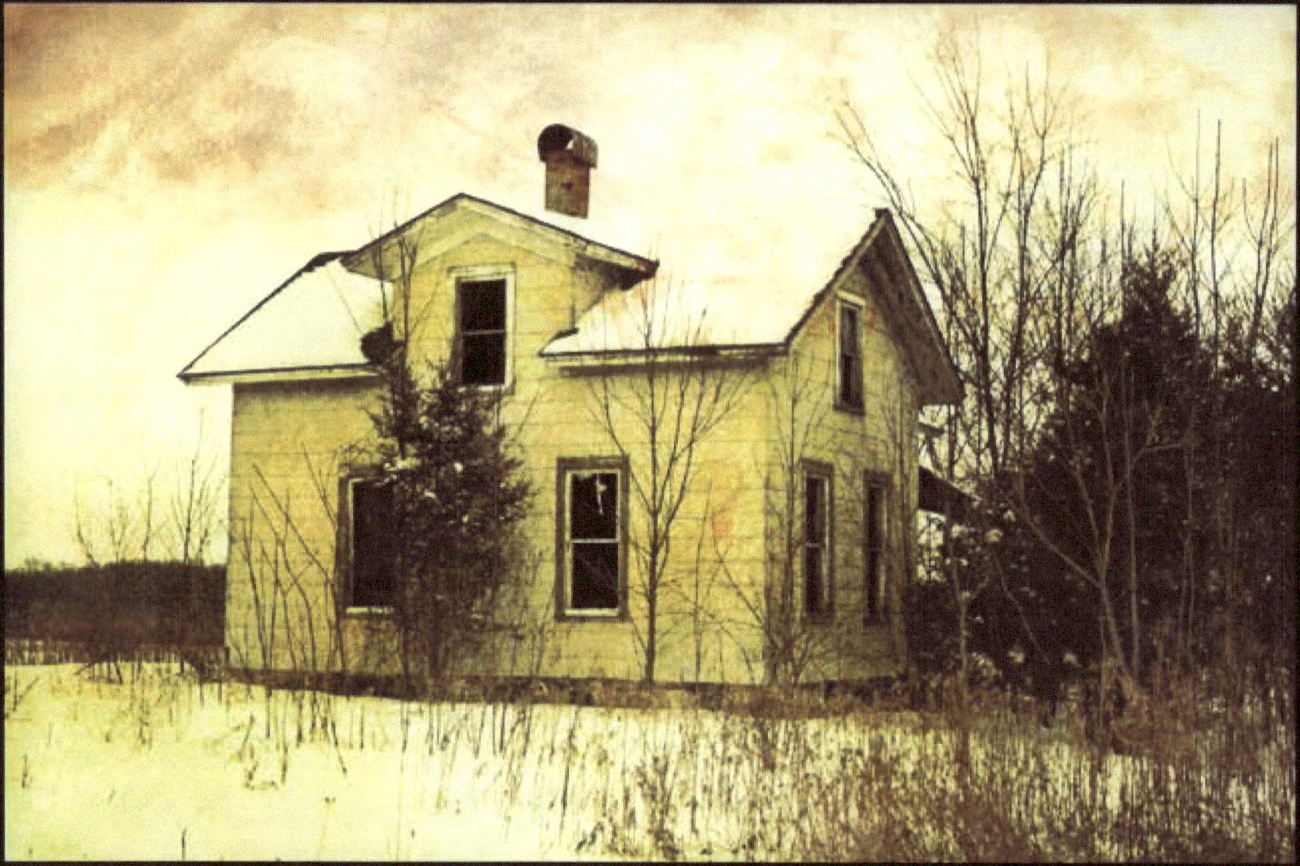

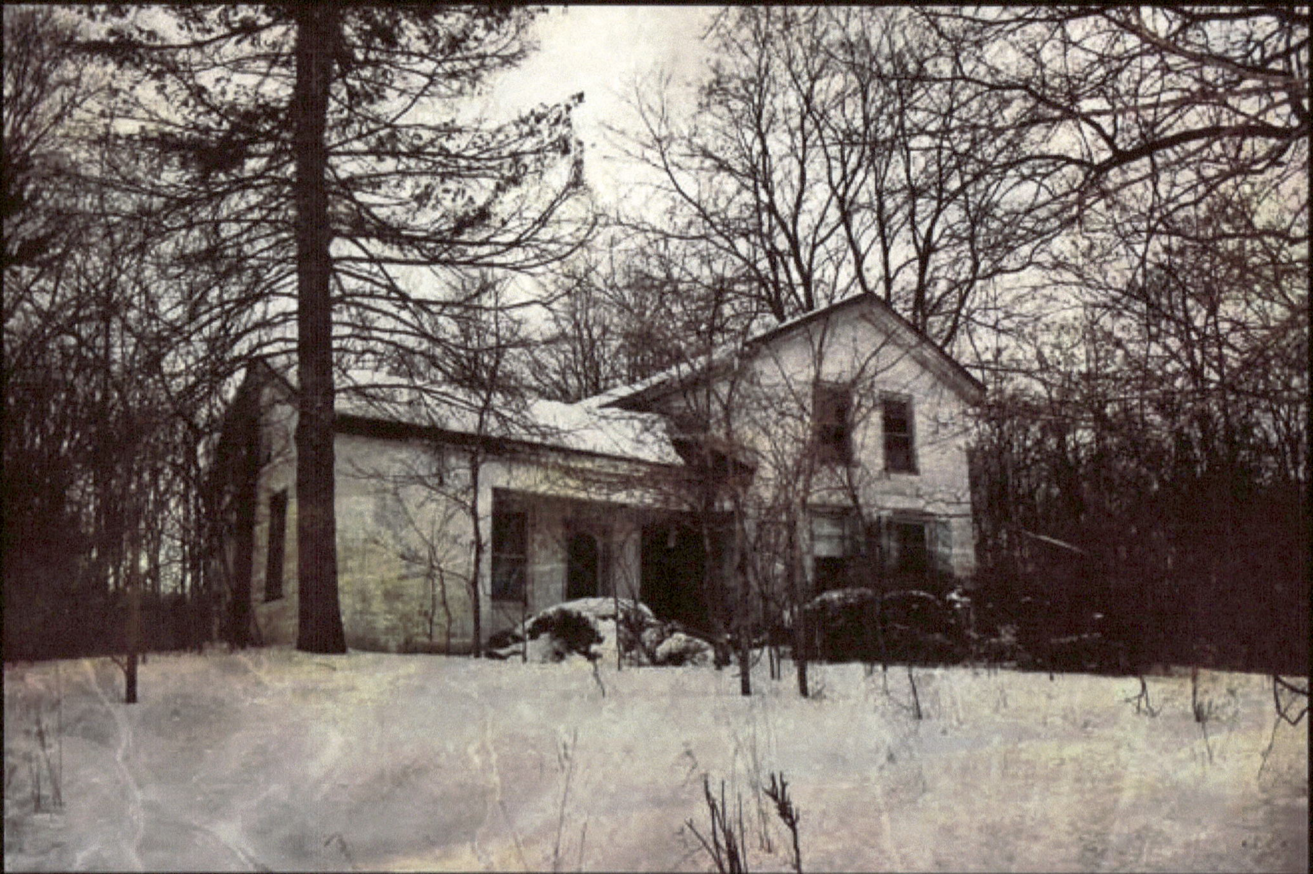

www.ingramcontent.com/pod-product-compliance
Lightning Source LLC
Chambersburg PA
CBHW050841180526
45159CB00004B/1987
* 9 7 8 1 4 5 1 5 9 4 8 2 9 *